陈稺常 著

图书在版编目（CIP）数据

何以秦汉 / 陈稺常著. -- 北京：新世界出版社，2024.6
ISBN 978-7-5104-7943-4

Ⅰ.①何… Ⅱ.①陈… Ⅲ.①中国历史—秦汉时代—通俗读物 Ⅳ.① K232.09

中国国家版本馆CIP数据核字（2024）第 085809 号

何以秦汉

作　　者：	陈稺常
责任编辑：	范禄荣
责任校对：	宣　慧　张杰楠
责任印制：	王宝根
出　　版：	新世界出版社
网　　址：	http://www.nwp.com.cn
社　　址：	北京西城区百万庄大街 24 号（100037）
发 行 部：	(010)6899 5968（电话）　(010)6899 0635（电话）
总 编 室：	(010)6899 5424（电话）　(010)6832 6679（传真）
版 权 部：	+8610 6899 6306（电话）nwpcd@sina.com（电邮）
印　　刷：	嘉业印刷（天津）有限公司
经　　销：	新华书店
开　　本：	710mm×1000mm　1/16　尺寸：170mm×240mm
字　　数：	200 千字　　印张：14
版　　次：	2024 年 6 月第 1 版　2024 年 6 月第 1 次印刷
书　　号：	ISBN 978-7-5104-7943-4
定　　价：	56.00 元

版权所有，侵权必究
凡购本社图书，如有缺页、倒页、脱页等印装错误，可随时退换。
客服电话：(010)6899 8638

目 录

第一回

　　分郡县一统定中华　　会圯桥三番约孺子　_001

第二回

　　马谷种瓜杀机暗伏　　仙山求药梦兆何凭　_021

第三回

　　咸阳市公子衔冤　　大泽乡农民起义　_043

第四回

　　兴张楚陈胜称王　　入潼关周文耀武　_063

第五回

　　立楚后范增献策　　识机先宋义论兵　_083

第六回
　　　战巨鹿项羽沉舟　　入咸阳刘邦约法　_105

第七回
　　　宴鸿门项庄舞剑　　拜大将韩信登坛　_125

第八回
　　　修栈道巧计度陈仓　　背绵蔓奇兵拔赵帜　_147

第九回
　　　逞舌辩英布归刘　　中反间范增辞楚　_169

第十回
　　　虞美人垓下和歌　　楚霸王乌江自刎　_195

第一回

分郡县一统定中华

会圯桥三番约孺子

第一回 | 分郡县一统定中华　会坯桥三番约孺子

公元前二二一年，是我们中国历史上极重要的一年，几百年列国大混战的局面结束了，接着出现的是一个空前庞大的统一的中央集权的帝国——秦朝。

秦的祖先非子，姓嬴，原是舜的臣子伯益的后代。非子曾替周看管马匹，驯养得很好。周为了报酬他的功劳，封他在秦（现在甘肃省清水县）①的地方，做一个小小国君。后来累代和西方戎族交战，地盘越扩充越大，到了周东迁时候，周又把岐（现在陕西省岐山县）丰（现在陕西省鄠县）一带地方都给了秦。秦从此变成了西方唯一大国。

这时候，周已经失去控制全中国的能力。各国诸侯争城夺地，互相吞并，打了几百年的仗，最后只剩下了最强的秦、楚、齐、燕、韩、赵、魏七个大国。

这七个强国，一直争战不息。每一次战争，杀死的兵士就有几万至几十万之多。人民也由于战祸的影响，生活困苦到了极点。没有一个人不热烈地渴望早日太平的。

正在全中国人民极端希望太平的时候，秦倚仗了它的政治、经济、兵力上

---

① 本书的括注均为作者注。因作者写作年代的原因，本书中括注的部分古今地名对照，与现今最新的行政区划会有出入。——编者注

的优势，先灭了衰弱的周，又陆续把韩、赵、魏、楚、燕、齐六国一齐灭掉，完成了统一整个中国的事业。

这时候，正是秦王政二十六年。他自十三岁起就做了秦王。他是周正月（周正月就是农历十一月）初一日诞生的，所以取名为政。他生得高高的鼻子，长长的眼睛。胸脯高挺，声音粗暴，相貌十分威严。当他一手统治整个中国的时候，年龄还不过三十九岁。

他因为完成了这巨大的事业而更加骄傲起来，觉得秦王两个字已经不配做他的称号了。因为他现在不止做了秦国的王，而且成了整个中国的王，必须另外再起一个最尊贵的名称，才能适合他的新身份，他便兴高采烈地下了一个命令，叫大家来讨论。

许多臣下奉命，互相讨论了一番，才恭恭敬敬地奏称："上古相传有三皇，是天皇、地皇、泰皇。据说泰皇时代，文明大开，所以泰皇最是尊贵。臣等冒死上奏，请尊称我皇为泰皇，自称为朕，下的命令称为诏。"秦王政听了，觉得泰皇虽然尊贵，究竟是上古已经有过的尊称，不算新鲜。现在自己一手开辟了从古没有的伟大局面，必须采用从古没有的高贵名号才好，便决定采取"三皇""五帝"的称呼，合成"皇帝"两字，其余依议。从此以后，两千多年中，专制君主都以"皇帝"为至尊无上的称号。

尊称定了，这位精明细心的秦皇帝又担着一件心事，想起从前君主死后，臣下便讨论这位君主生前行为的好坏，大家公议了一个字，来代替他的名字，这就叫作"谥法"。现在自己做了皇帝，威福无比，没有人敢说一句话。可是管得了生前，管不了死后。要是将来臣下给评了几句不好的话，加上一字不美的谥，岂不倒霉？便决定把"谥法"废去，以免自己替死后担心。想定了，下个诏书，说："谥的制度，臣下评论君上，儿子评论父亲，是极大的不敬，应该废去。从此只许按世代计算。朕是第一个皇帝，称为始皇帝，以后称二世、三世……永远传下去，一直到万万世，无穷无尽。"

当时秦始皇一心一意认定整个中国是他一家的私产，想子子孙孙永远占据着皇帝的宝座，为了夸耀这盛大的统一全国的功业，必须大大改革一番。

那时有一派迷信命运的人，以齐人邹衍为首，造作谣言，说是：周是"尚赤"的，衣服旌旗一切都用红色。红是火的象征。灭火的是水。将来能够代替周做天子的那个国家，必定是合乎水的象征、用黑色做标志的。这种迷信的论调，本来不值一笑，却因人民在心理上都希望改革，便自然传布开来。到了始皇统一中国，齐国地方谄媚的人把这迷信奏上讨好，果然合了始皇心理，一发相信自己是上天预定来继承周代做中国皇帝的。便依据这一套迷信说法，把各种制度统统改过。据说水的颜色是黑的，便规定一切衣服旌旗都用黑色；水的数目是六，便规定各种数目都用六，例如六尺算是一步，驾车用六匹马，车宽广六尺，各种器用不是宽六寸，就是长六尺，或是十二、三十六等，总要合成六的数目；还设地支（子、丑、寅、卯、辰、巳、午、未、申、酉、戌、亥）里的亥是属水的，便规定以建亥的月（农历十月）做每年的第一个月，十月初一算是新年元旦。这还不算，最迎合始皇心理的是说：水的德行（性质）是阴冷深测，所以合于水德的国家也应该严厉刻削，不要宽大仁慈。这种学说，在专制君主看来，实在再好也没有了。

正在秦始皇高兴的时候，那不识趣的丞相王绾（wǎn）冒冒失失地上了一个奏章，说：现在燕、齐、楚三个国家已被灭掉，地方太远，不好管理，请立王子做这三个国家的王。始皇看了，心里老大不舒服。他想好容易把整个中国抓在手里，又要分封什么诸侯？现成的肥肉割给别人，如何心里不疼？而且王绾虽然只说立王子，也许他的心里也希望像周一般，大封功臣。这如何能行？便把这奏章掷下，给臣下讨论，试试大家心意。

这时候，聪明能干的廷尉（管理司法的官）李斯早已看出了始皇心理，连忙奏说："从前周封建了许多子弟，后来打得一塌糊涂，周天子丝毫没有办法。现在幸蒙皇帝陛下的神威，统一中国，全国地方都直接由中央管理。所有王子功臣只消赏给爵禄，就足够了。这是最容易管理的，百姓也不会三心二意，可以永保太平。以臣所见，不该再封诸侯。"

始皇听了正合心意，不由笑逐颜开，连称："廷尉说得有理。一向天下争战不休，都是因为有诸侯的缘故。现在要是再封诸侯，岂不是自找麻烦？"王绾碰了一鼻子的灰。始皇却更加相信李斯是忠于自己的，不久，便把王绾罢免了，升李斯为丞相。

既然不再分封诸侯，这样庞大的中国怎样管理呢？秦始皇却自有他的巧妙方法。原来周末列国里面，本已有了郡和县的地方行政制度，只是参差不齐，没有统一的计划。秦始皇把中国全盘整理一下，重新划分区域。按照六六的数目，把全国分做三十六个郡，仿佛现在的省一般，只是小得多。每个郡各管若干个县。郡有郡守，县有县令，各管地方行政。另外还有管兵的尉，和专门监视郡守的监御史。这许多官都由政府任命，随时可以调动。这种方法，的确比封建诸侯好得多，所以后来历朝大体上都采用这个制度，它对全国的统一有很大的帮助。

秦始皇不但运用他的权势，划定地方区域，把政权完全集中，政治上统一了中国；还再进一步在文化上也做好整理统一的工作，把从前各国纷乱的制度，像各地不同的文字，不同的度（长度）、量（容量）、衡（重量）标准，不同的交通制度，不同的法律等，都采取"快刀斩乱麻"的手段，一概废止，完全遵用秦国办法，统一通行。各国中间互相防守的关塞堡垒，也都加以伐除。整个中国彻底打成一片，结束了几百年长期混乱的局面。这是何等伟大的魄力啊！

为了巩固统治权，秦始皇又下诏把天下兵器统统收来，不许人民私藏，一概运到秦的首都咸阳（现在陕西省咸阳县）销毁。那时各国兵器都是用精铜打造的，因为它黄澄澄像金一般，十分好看，所以称为"美金"。只有农人用的犁锄农具才用黑色的铁打造，称为"恶金"。这许多美丽的精铜销毁以后，没有什么用场，便把它打造了十二个宝光灿烂的金人，每个重二十四万斤，摆在宫廷内，左右分列，更显得雄伟壮丽。剩下的精铜，就铸了些钟、镜等日用家具。

这时候的咸阳，真可以算得全中国最富丽的地方了。它雄伟地横跨在滔滔的渭水上面，背后的九嵕（zōng）山蜿蜒环抱，高耸着九个翠玉般的尖峰，像九折屏风一样，拥抱着这个大城。它占着山南水北阳光最多的优美环境，使它获得这名贵的称号——咸阳。

自从咸阳成为秦的国都（公元前三五〇）起，就一天比一天兴旺，到了秦始皇的时候，更成了全中国的政治中心。秦始皇每次灭亡了一个国家，便派巧匠画工去察勘这一国的宫殿模样，画了图，照样在咸阳北边，九嵕山下，盖造起来。一切长廊密室，曲院飞楼，都要造得应有尽有，惟妙惟肖。把由各国俘虏来的美女娇姬，掠夺来的钟鼓帷帐，一一按照原来式样，安置在这座建筑里面，宛如整个宫殿连地皮搬来一般。这样，到了六国灭亡，咸阳的宫殿楼阁已经建筑得密密层层，简直像春夜的繁星一般，数也数不清了。

还有那六国的贵族豪家，本来散居各地，现在秦始皇也把他们尽数搬到咸阳来居住，好对他们加以监视。这样迁来咸阳的豪富，大约有十二万户。全国的财富，也都集中到咸阳来了。那些贵族和富人们，真个是朝朝弦管，夜夜笙歌，奢华热闹到难以形容的地步。至于秦宫里面，尤其锦天绣地，玉裹金装，集中了天下所有的珍宝。单说妙龄宫女，就有一万多名。

在这样穷极奢侈的环境里，秦始皇的雄心却没有熔化。他除了每天照例要看足一百二十斤的奏简（当时尚无纸张，都用竹简或绢帛写字）外，还计划着巡行天下来巩固他的统治权，便下诏限期全国修筑"驰道"，预备皇帝出巡。

诏书一下，全国登时忙碌起来，千千万万的劳动人民，都被派去修筑驰道。他们要筑造高出地面、宽五十步的平坦大路，并且要用铁锤敲打到十分结实。两旁种上青松。整个中国，不管是山边水畔，只要皇帝可能走到的地方，都要修筑完成。这样宽阔平整的驰道，却指定是专供皇帝巡行的，老百姓不许行走。

驰道修好，秦始皇便乘着黄金交龙的銮驾，建着天子的六丈三尺高的日月大旗，出发巡行。车前驾着六匹玉勒金衔的宝马，前前后后簇拥着无数的旌旗。后面跟着副车八十一辆，都用许多金玉翠羽装饰着，每车各驾了四匹骏马。还有许多妃嫔美人，歌童舞女，和跟随的丞相列侯，文武百官，奔走服侍的宦者（太监），护卫左右的将士，迤逦连绵，占了好几里地方。这样一支奢华热闹的队伍，就沿着千万人血汗造成的驰道上，向西前进。由陇西北地（现在甘肃省）一路游玩，登上鸡头山（在现在甘肃省平凉县）赏玩风景。这鸡头山又名崆峒山，相传黄帝曾经到过，算是一个名胜古迹。秦始皇既然自命"德过三皇，功高五帝"，当然也要到鸡头山应个景儿。

但是西北地方究竟荒凉，没有什么好玩。秦始皇走了一周，很觉乏味，便决意第二年到东方游历。

转眼到了阳春三月，风光妍媚，秦始皇一行车驾向东进发，出了潼关（在现在陕西省潼关县）和函谷关（在现在河南省灵宝县），便看见一片平原，和关内风景大不相同。渐渐巡到东方，越发山清水秀，另有一番景象。这东方沿海一带，原是从前齐国的地方，内接泰山，外环东海，算得东方最繁华的所在。齐王又喜欢招集游士，给他们很优厚的待遇，四方游手好闲的文士便纷纷投奔齐国，齐国便成了一时的文化中心。到了齐国被秦灭亡，这班人都像"树倒猢狲散"，闲着没有事可做。现在看见秦始皇到来，他们心里又生了新的希望，一个个兴高采烈争先恐后地前来朝见，各各卖弄他那一套拿手学说，真是五花八门，无奇不有。都说得天花乱坠，指望打动这位新皇帝的心弦。秦始皇恰也抱着采风问俗的思想，喜欢听一听他们的议论。

当时儒生一派都奏说："自古功德巍巍的神圣帝王，都举行巡行典礼，巡到东方泰山，一定要上山'封禅'。'封'是祭天，'禅'是祭地。这是最神圣庄严的礼节，没有极伟大功德的帝王是不配举行的。现在陛下功过三皇，德超五帝，到了泰山必须封禅一番，答谢天地，才可以表明是受了天的命令统治天下的真命天子。"

接着又一个儒生奏说："封禅之所以一定要在泰山举行，是因为天下最有名的山是五岳。那五岳是中岳嵩山（在今河南省登封县）、东岳泰山（在今山东省泰安县）、西岳华山（在今陕西省华阴县）、北岳恒山（在今山西省浑源县）、南岳衡山（在今湖南省衡阳市）。其中东岳泰山最为伟大，皇帝祭天必须到泰山山顶，用高三丈的石矗立在泰山顶上，表示为泰山增添高度。据说那地方是和上天最接近的。祭地就应该在泰山附近比较小的山，扫除一方平地来祭。凡是一个新朝天子，没有不举行这神圣的典礼的。"

秦始皇听了心里很高兴，他本来就要上泰山游览一番，乐得顺便举行这样盛大堂皇的礼节，便吩咐留下许多儒生，叫他们去商量封禅应该怎样举行。这班儒生得到新皇帝的青眼，好不得意，便都聚集一处，纷纷议论去了。

还有方士一派人看见儒生已经得到好处，又羡慕，又妒忌，连忙也来启奏说："这东海外边有许多极远的仙山，山上有神仙居住。因为隔着大海，没有办法前往。从前燕王、齐王都派过使者去寻求仙山，因为他们功德微小，福分浅薄，都没有得到神仙的允许，怎样走也走不到。有一两个能够到得仙山的人说：那仙山真是贝阙瑶宫，美丽无比。还有四时不谢之花，八节长春之草。气候不热不冷，永远温暖如春。许多神仙在仙山游戏。山上有一种不死的药，只消吃了一点,便可以和天地同寿,与日月齐庚。求的人多得很。现在皇帝陛下到了这里,只消到海边看看,便知道了。"

始皇听了,果然越加欢喜。他正苦将来一旦死了,偌大家产不能带进棺材,现在有了不死的药,便可以永远做名副其实的万岁皇帝。这比封禅当然好得多了。始皇便也把方士留下,且等到东海巡看一番再说。方士们十分高兴地退下。

始皇一面摆开车驾,先到邹峄(yì)山(现在山东省邹县)游览。这邹峄山虽然没有泰山那般雄伟,却也峰影排青,岚光滴翠。始皇一路跋涉,到了这般幽静地方,不觉心旷神怡,便命跟从的丞相、列侯作了一篇赞美自己功德的文字,刻在石碑上面,立在邹峄山上。一面催促儒生速速议定封禅礼节,好上泰山游览。谁知那些儒生虽然用了封禅来巴结始皇,实在封禅要用怎样的礼节,他们却做梦也不曾见过。只知道相传下来有这一种典礼,但几百年来从未实行过,大家七口八舌议论纷纷,谁也说不出详细情形。其中有一位须发斑白的老儒,自命见多识广,便理理胡子,慢条斯理地说道:"据我所听见的,古时天子封禅泰山,必须乘坐用蒲草包扎车轮的车,以免上山时候,碾伤了山上草木。到了山上,扫除一方土地,铺上稻草,就在稻草的席上设祭。祭品也不过淡薄的玄酒,和一俎鱼。这样的礼节是很简单的。"大家听了,虽然觉得这话太平常了,却另外寻不出更好的办法,只得依照他所说的奏上。

哪里知道这位秦始皇是极端骄傲奢侈的皇帝,他正想趁着这千载难逢的封禅大礼,大大夸张铺排一番,以炫耀皇帝的富贵尊荣。现在这些不识相的儒生却教他举行这般俭薄寒酸的祭礼,他如何不大发雷霆?立刻把这些儒生都斥退不要,自己定了日期,命臣下扫除山路,凿开石磴(dèng)。险绝的地方更系挂粗绳巨索,以便攀缘。

到了日期,始皇乘坐銮驾,排开仪仗,直上泰山。走了不到二十里,山路狭隘，车不能过，便换了预备好的小小金舆，由熟练爬山的舆夫抬着，继续前进。只见满山都是青松，郁郁苍苍，幽美无比。走了一段，越走越险，虽然已经凿了石磴，还是崎岖得很。好容易走过了天关，只见两山对立，万松夹道，微微的清风一吹，玪（cōng）玪琤（chēng）琤的山泉声和謖（sù）謖的松涛声，互相应答，清脆悦耳，好像天乐齐鸣，使人心胸开朗。脚底下却是一条极窄的羊肠小路，逶迤直上，好像直线一般，十分险陡，这就是有名的"十八盘"，是泰山最险的地方。舆夫手拉着绳索，一步一步地上进，累得满头大汗。走够多时，到了南天门。又经了许多险峭地方，才到了泰山绝顶。许多护卫早已在山顶等着，伺候始皇举行了隆重庄严的祭礼，立了一方高三丈一尺、宽三尺的大石碑，方才下山。现在这块石碑还在泰山绝顶的玉皇顶上矗立着。

刚刚下山，忽然天色大变，一大片乌云挟了骤雨，倾盆而下，满山松树都被风刮得呼呼乱响。吓得左右群臣面无人色，连忙拥了始皇在半山一棵大松树底下暂行躲避。始皇传命："这棵松树护驾有功，可加封五大夫（秦官名）之职。"这正是：

为立丰碑上岱宗，但凭一喜便酬庸。系绳凿磴人多少，松树何功独受封。

风雨过后，始皇下了泰山，又到泰山附近的梁父山（在今山东省泰安县南，新泰县西）上，举行禅礼。

那些被始皇斥退的儒生得知始皇遇雨，便大大讥笑一番——说他不遵用古礼，以致触怒泰山，受到惩罚——以泄他们被斥的怨气。

始皇巡罢东山，便由渤海海边巡行到成山（在今山东省荣成县东）。这是一个小半岛，伸入海中，风景十分秀美。李斯写得一手好字，始皇便又命他刻了"天尽头"三个字在山上。又走到芝罘（在今山东省福山县），也命立石歌颂功德。然后又到琅琊山（在今山东省诸城县）观看。琅琊山上原有一座高台，乃是春秋时越王勾践所筑，在台上眺望，可以看见东海。波涛起伏，极目无边。始皇看了，心中大喜，忽然一眼望见天上云霞灿烂，光彩闪烁，映着奔腾澎湃的海水，放射出无数五光十色的奇景，好像许多亭台楼阁，又像有人在那里走动往来。倏忽变幻，忽明忽灭。看得始皇眼花缭乱，暗暗称奇，忽然记起从前方士所说的有关神仙的话，忙叫人去召方士前来查问。

方士里有个名叫徐福的，最会说话，看见始皇已经着了迷，便进一步奏说："这就是海上三个神山的幻象。这三个神山，名叫蓬莱、方丈、瀛洲。山里神仙住在黄金白银的宫阙里，离这里并不远。山里禽兽都是些雪鸾玉凤、粉蝶银莺，一片洁白的颜色。这是一个不死的仙都，长生的乐国。只要把神仙的不死长生仙药求到，吃了下去，便可以永远不死。求的人必须虔诚斋戒，如果乘船向三神山驶去，远远可以望见好像云雾一般的仙山，若即若离，忽隐忽现，必须坚心再驶。如果能够走到目的地，可以看出三神山并不在水上，却反在水的下面。从前许多帝王都想尽方法去寻找仙山，总没有福气能够找到。现在皇帝陛下到了海边，神山居然现出云端，这真是难得的机会。陛下统一了中国，拯救人民脱离水火，功德无量，洪福齐天，也许神仙有意要把长生药赠送给陛下，所以出现神山美景给陛下看。臣请专诚斋戒，去寻访仙山，替陛下乞取长生不死的灵药。"

始皇听了，心里半信半疑。他不明白适才所见的景象不过是云层和海水反射太阳光线的作用，却以为这明明是仙境出现，并不是方士瞎说。而且长生不死又是那么富于诱惑性，始皇便允许徐福前去寻求仙山，一面又下令重建琅琊台，要造得极其高大雄壮，以便远眺海景，并且立一座石碑，歌颂赞美自己。他下令限期搬取三万户居民来台下居住，使琅琊台成为热闹的地方。

别个方士看见徐福得到这般美差，自然人人眼热，也都纷纷上书，请求入海去寻仙人，得到允许的当然不少。

当时始皇在琅琊台一住三个月，重新向南巡行，到了彭城（现在江苏省铜山县）。望见白茫茫的泗水（那时的泗水，从现在山东省境内发源，流过彭城，向南注入淮水）奔流而下，他心中忽然又记起一件事情，便召过身边几个博士，问他们这是不是周鼎沉没的地方。

博士是秦朝一种官职，大约有几十员，都是些博古通今的读书人，是预备皇帝查问古今事迹时候，随时应对。这时候博士一听始皇查问，便连忙回答说："正是这条泗水。"始皇沉吟了一会，一个博士察言观色，知道始皇的意思，便速忙凑趣说："这周鼎非比寻常，乃是夏代大禹所铸，只有帝王才能占有这鼎。夏亡，这鼎被商得去。商亡，这鼎被周得去。现在周亡，秦得天下，这鼎当然应该归陛下享有。只是当初灭周的时候，据说这鼎沉没在泗水中间，无法运入咸阳。如今陛下并吞六国，一统中原，这鼎理该出现。不如派人入水捞取，岂不是一件盛事？"始皇听了果然满面喜色，点头称是。立刻派人去祭告泗水，一面征集会泗水的壮丁一千名，入水寻觅周鼎。

一千名壮丁翻波负浪，寻了几天，哪有周鼎的影踪？始皇白白费了一番心机，好不扫兴，只得望南再走。过了淮水，直达长江，便上了龙舟，扬帆而进。一天，忽然刮起了一阵大风，白浪堆到半天高，龙舟在江里一起一落，摇簸不停，吓得全船人众魂不附体。秦始皇虽然权力盖世，对于恶作剧般的风波却也毫无办法，只急得遍身冷汗，一句话也说不出。

这一阵狂风直刮得樯倾帆倒，地暗天昏。整个江中阴霾密布，虎吼般的风声，推叠着一层层的狂涛怒浪，挟了雷霆万钧的压力，向着龙舟当头扑下。好容易躲过一个浪头，第二个浪头接着又到。

在这样危险万状的暴风恶浪里面挣扎了半天光景，风暴才慢慢平息下来，天地清明，船只也渐渐稳定。大家方才定下心，喘出了一口气。舵工运用熟练的技巧，把船驶近了湘山（现在湖南省洞庭湖内君山）停泊。始皇望见湘山南面有一座庙宇，碧瓦红垣，隐在青翠的树丛中间，十分闲静。和刚才自己在江中所受的惊险一比，不由生了妒恨之心，便问博士："这是什么神？"博士答道："据古人相传，这是尧的女儿娥皇、女英，嫁给帝舜。后来舜南巡死了，娥皇、女英也投湘水自杀，成为湘水的神，称为湘君。她们的墓就在这山上。"始皇听了，勃然大怒，说："朕巡行天下，凡百鬼神都应该敬谨保卫朕躬，雨师洒道，风伯清尘，才是道理。这湘君不过小小水神，如何胆敢戏慢皇帝，一任这一段湘水掀波作浪，惊吓朕躬？这非得惩戒一番不可。"便喝命左右，立刻下诏，派三千名有罪的囚徒前来，把湘山上的草木尽数砍拔净尽，毁去庙宇，还放了一把火，烧得全山光秃，才算出了始皇受惊的恶气。

巡行完毕，始皇回到咸阳，歇了几时，依然念念不忘神仙的事，便又带了护卫，再去东方巡行。

走到博浪沙（在今河南省原阳县东）地方，正是天朗气清的时节。两旁夹道青松，浓荫相接，许多护卫仪仗密密层层排着，千乘万骑，肃静无哗，只听得马蹄蹴踏的声音。始皇在銮驾上左顾右盼，好不得意。正在满怀高兴的时候，猛不防前面松丛中间，突然抛掷出一个又黑又大的东西，像鸷鸟一般，向始皇极迅速地飞射过来。急忙中大家都意识到这一定是一种行刺的暗器，登时全都慌了手脚，不知如何是好。御车的人吓得失声怪叫起来，慌慌张张地想把马赶快勒住，两只手却已经颤抖着不听支配。那马已经跑开了腿，哪里控制得住？这时候，秦始皇和所有的护卫没有一个不吓得冷汗淋身。说时迟，那时快，只听得轰雷一般地响了一声，一行队伍更加大乱起来。原来这东西并非别物，却是一个沉重无比的大铁椎，平白地由半空落下，摔在紧跟着始皇銮驾后面的第一辆副车上，把那辆车连人带马捶成肉饼，做了秦始皇的替死鬼。

秦始皇这一惊真是非同小可，目瞪口呆，几乎有半个时辰动弹不得。但当他心神稍定之后，却又狂怒起来，眼睛里爆出了凶烈的火焰，粗暴地厉声吆喝着。许多臣下都战战兢兢地跪伏在他的车前。

"快！快！快去搜索这行刺的暴徒，限天下各处都要大搜十日，一定要捉到！"秦始皇挥着愤怒的手。他恐怕这地方还有隐藏的敌人，又催促赶快行走。

大队车马继续前进，一部分将士便去四面搜索凶手。行刺的人哪里有坐着等死的？早已逃得无影无踪了。

搜捕刺客的诏书行遍天下各地，引起了无穷的扰乱。官兵挨家挨户搜查，免不得拿错了许多毫不相干的人。一直闹了十天，弄得全国不安。

究竟这个刺客是什么人呢？原来秦始皇对于各地人民，一贯采取高压手段，残暴异常，人民当然不甘束手待毙。其中韩国（现在河南省一带）和秦最接近，国势也最弱。累代的韩王，都畏秦如虎，小心贡献，但到底依然被秦灭了。这位博浪沙的刺客姓张名良，字子房，他的祖父和父亲曾经先后做过五个韩王的相国，所以他自小亲见秦对韩的残暴，痛恨切齿。韩亡的时候，他还年轻，没有做过韩的官，秦也没有注意到他。他却用尽所有家财去结交朋友，打算刺死始皇，替韩报仇。无奈秦法令极严，没有人肯拼出性命去干这事。张良只得云游四方，寻找机会。那年到了极东北方的濊貊（Huìmò）地方，这是秦的统治力所不能到的所在。张良寻见了那地方的君长，重礼聘请一名力士，和他商议心事。铸了一个重一百二十斤的铁椎，由力士携带伏在驰道旁的松树中间，看准抛去。不料误中副车，没有达到目的。张良和力士都趁乱逃去。

张良本来生得文弱美秀，谁也不会相信他拿得动铁椎的。事后他就改名换姓，逃到下邳（现在江苏省邳县）隐居，倒也没有人疑他。一天，他偶然出外游玩，走到一个圯（yí）桥上，看见桥边杨柳依依，风景十分美妙，不觉徘徊瞻眺，流连了一会。忽然那边路上走来一个须发皓白的老人，手扶着一根拐杖，穿着粗布短衣，慢慢地上了桥，一不小心，一只鞋子离开了脚，一直掉到桥下去了。那老人向桥下望了一望，看见那鞋正落在桥边沙上，便回过头来，看着张良说："孺子（孩子），下去替我把鞋捡来。"张良吃了一惊，暗想这个人怎么这样没有礼貌，真想揍他一顿。可是看见他那么老态龙钟的模样，又觉得不应和这般老迈的人计较，想了一想，勉强沉住一口气，走到桥边，把鞋拾来。这老人满不在乎地扶着拐杖，伸出那只没有鞋子的脚，对张良说："替我穿上。"张良心里实在看不惯这般大模大样。他又是世代韩相之裔，从来没做过这样的事，可是现在是埋名隐姓的时候，不愿多事，既然替老人拾来了鞋子，索性好人做到底，便低头替老人穿鞋。因为高矮不合适，只得跪在地下，才能穿上。那老人登上鞋子，微微一笑，什么话也不说，拿起拐杖，逍遥自在地走了。

张良给这老人的倨傲态度愣住了。他想：天下没有这样不讲情理的人，对于素不相识的路人随便使唤，临走时还一声不谢。这一定是一个奇异的人，倒要看看他究竟到哪里去。想罢，不由自主地就远远跟在老人后面，望着他的背影，不知不觉走了一里多的路。那老人虽然一直走去，好像知道张良跟着他，忽然停住脚步，掉转身子迎面走了回来，对着张良微微点头说："你这孺子可以教导了。过五天，天刚亮的时候，来这里和我相会。"张良听了，心里越发奇怪，更相信这位老人不比寻常，一定有什么道理，索性再向他跪下，恭恭敬敬地答应了一声。

过了五天，张良起个绝早，急急赶到老人指定的地点。那时天刚亮，想不到老人已经站在那里等着。他看见张良到来，便放下面色，愤愤地责骂说："你和老人家约会，为什么这个时候才来？去吧！再过五天，早一点来。"张良碰了一个钉子，好不懊丧。可是他更加相信这老人一定是个不平凡的人，约他来这里相会，也一定有什么要紧的话。所以他并不灰心，等了五天，更加提早起身，趁黑夜走去，走到那地方，鸡刚刚叫。张良暗暗庆幸，这番总不会太晚了，谁知走近一看，那老人又已站在黑暗里，不由把他吓了一大跳。这番老人更加不客气地把张良责骂了一顿，叫他过五天再来。

张良平白地受了许多气恼，一发引起他的好奇心，必要弄个明白。到了第四天夜里，干脆一夜不睡，刚刚人静，他便拔脚出门。这时还不过二更光景，走到约定地方还不到三更时候。黑暗里一棵树木、一块大石都使他吃惊，恐怕是那个老人在那里等他。好容易看清楚了老人的确还没有来，他才安心地等着。等了不多时，老人也就来了。他看见张良先到，面上露出高兴的神气，说："年轻人和老人约会，是应该这样的。"说罢，慢慢由袖子里摸出一卷东西，交给张良，说："你读了这书，就可以成为帝王的老师。过了十年，你可以出来做事了。十三年后，你在谷城山（在山东省东阿县）下看见一块黄石，那就是我。"说完，回头就走，黑暗里也不知道他上哪儿去了。

张良怔了一会，把书带回去，一看，原来是一本《太公兵法》，他知道太公就是姜子牙，曾经辅佐周文王、武王灭了商纣。那时还没有印刷的方法，书全是手抄在绢帛上的，很是难得，便把它全部熟读。据说十三年后，张良到了谷城山，果然看见有一块黄石，因此后人把这奇怪的老人称为黄石公。宋时苏东坡批评这件事说，这老人一定是秦时隐居的人，假托黄石，使人不去穷究他的根底。这是很有见识的话。唐代诗人李太白经过这座富有神话意味的圮桥，作了一篇古风，专咏这事，说：

子房未虎啸，破产不为家。沧海得壮士，椎秦博浪沙。报韩虽不成，天地皆振动。潜匿游下邳，岂曰非智勇？我来圮桥上，怀古钦英风。惟见碧流水，曾无黄石公。叹息此人去，萧条徐泗空。

且说秦始皇受了博浪沙一椎的惊吓，匆匆到芝罘和琅琊转了一周，并不曾见到神仙影子，心灰意懒，回到咸阳，把巡行的事情暂且搁下。偏有一班谄媚的人，知道始皇心事，便编造言语，奏说："本年九月庚子日，华山地方有一个茅初成，青天白日骑了龙腾云上天，成仙去了。当时民间有一个歌谣，说：'神仙得者茅初成，驾龙上升入太清，时下玄洲戏赤城，继世而往在我盈。帝若学之腊嘉平。'按照这歌的意思，将来这位茅初成的子孙名盈的还要成仙。皇帝若要学仙，必须把腊月改名嘉平，才行。"始皇听了满心欢喜，果然传旨把腊月改名嘉平。一面在咸阳附近兰池地方，筑了一座兰池宫，把渭水引到兰池。池里筑了三座小山，名为方丈、蓬莱、瀛洲，用金银在山上建造宫室。池里模仿海中风景，件件齐全。单说有一头石刻鲸鱼，就长到二百丈，雕镂得和活的一般。他花了许多人民血汗，造成这幻想的仙岛，时常前往观览，聊以自慰。

有一天夜里，始皇忽然游兴大发，带了四名武士，乘夜步行去访兰池宫的仙山。刚刚走到兰池附近，忽然树丛里跳出几个大汉，一个个亮出尖刀，围住始皇就刺。这真是危险极了。幸亏四名卫士拼命救护，交手多时，才砍倒了一个。余下的见不是头，便都纷纷退去。始皇受了这场惊吓，才明白到处都有反对自己的人，连咸阳这样防卫紧密的地方也还不免遇刺。这比博浪椎更可怕了。便下令在关中（函谷关以内）大搜二十天，又累无数平民受到了骚扰。

不久，始皇又动了出巡的心，便向东北巡行，登碣（jié）石山（在今河北省东北海滨）远望。只见海水茫茫，极目无际，却看不见什么仙人。一班方士只恐始皇心灰，说尽许多花言巧语。始皇无可奈何，派了卢生等几个方士再去海外求仙。卢生领了一批财宝，过了一时，来见始皇，奏说已经去过，幸得战胜神风，达到一座仙山。山上琪花瑶草，金阙银楼，果然和所传的一般模样。始皇听了，心花怒放，忙问："可曾见到仙人，得到仙药？"卢生愣了一愣，唯恐鬼话戳穿，连忙奏道："虽然到了仙山，却没有见着仙人，只有一卷仙书，内中载着未来的吉凶祸福，刚读到一半，便化成清风而去，所以不能带回。"始皇听了，一团高兴化为乌有，只得问道："书里讲些什么？"卢生道："它说秦皇帝一统天下，将来兴旺无比。"始皇说："以后呢？"卢生无话可说了，忽然计上心来，连忙答道："将来的事情臣不敢说。"始皇道："这是仙书所载，但说何妨？"卢生道："书上说，将来亡秦的是胡。"说罢又赶快叩头说："臣泄漏天机，罪该万死。"始皇听罢默然无语，便命卢生暂退。

这时候始皇心中，神仙要做，皇帝也要当。最好是长生不死永远做皇帝。既然胡是秦的敌人，必须把他打倒，才能保住万年宝座、铁桶江山。他本来是一个雄才大略的君主，一向战无不胜，攻无不取。自从统一中国，好几年没有用兵，正在闲得难受，哪里禁得卢生一挑拨？立刻便派了将军蒙恬带领三十万兵马北伐胡人。

那时所说的胡人就是匈奴，原是北方一个强大的民族，一向过着游牧生活。首领称为"单于"。他们屡次想向南发展，几百年来，不断和汉族战争，时有进退。到了周末战国时代，靠近北方的赵、燕、齐各国都曾用了全力和匈奴搏战，在边地筑起坚固的长城，严密守卫，使匈奴无法南进。当秦统一中国时候，匈奴还是北方一个强盛的敌人。卢生算计中国已经统一，将来与秦为敌的，只有匈奴，所以造了这个谣言。

这时秦的徭役已经多到难以计算。像建造模仿六国的宫殿、建造兰池宫、铺设驰道之外，还继续建造许多宫苑，又在骊山（在现在陕西省临潼县）建造始皇未来的坟墓，每一件工程都需要几十万人长期工作。现在又要抽取许多壮丁出征远地，自然更加深了人民的痛苦。

蒙恬是名将蒙骜（ào）的孙子，父亲蒙武曾经灭亡楚国，祖孙三代掌握兵权，立下不少战功。蒙恬足智多谋，兄弟蒙毅也忠直谨慎，官拜上卿之职，常在始皇左右。满朝公卿，就算他兄弟俩最得始皇的信任。这番蒙恬奉旨出兵，自有一番煊赫，不消细表。兵到河套地方，那匈奴头曼单于没有想到秦军声势这般浩大，连忙退走。好在他们住的是毡幕，容易搬移，走得慢的，被蒙恬追上大杀一阵，损失不少。头曼急急北退，满拟等秦兵去后，再行南下不晚。

蒙恬大获全胜，把河套以南地方（现在内蒙古西南部一带的地方）完全占领。捷报到了咸阳宫，始皇大喜，命将这块地方分为四十四个县，移民前往居住开发。同时派遣使者重赏蒙恬，叫他继续北伐。蒙恬督率全军渡过了黄河，追赶匈奴，乘着战胜的余威，收取了许多地方。为了恐怕匈奴前来攻击，便把从前燕、赵、齐等国所筑的长城整理一下，合并成了一个长城。由现在的甘肃省岷县的西边起，向北经过黄河，到贺兰山、阴山，向东到热河（在今河北省承德市境内），又经过辽水、鸭绿江，直到朝鲜为止。差不多有万里之遥，所以后人称它为万里长城。这座长城后来又经过历代的增修改筑，成为保护我国河山的屏障，现在还矗立在北方。

当时还没有机器可以使用，兴修这样浩大的工程，每一块石头都是用人工搬运来的。蒙恬除了利用由内地迁移来的壮丁之外，还由始皇下诏征用几十万壮丁去建筑长城。这许多人抛妻别子，背井离乡，去到荒寒的地方工作。残暴的专制皇帝，既不给他们好好的东西吃，也不给他们温暖的衣服穿，有了病，也没有医药，死亡的自然很多。后来民间传说了一件孟姜女寻夫故事，就是替千千万万的人民诉说了被压迫的惨痛。这正是：

一丸泥溃千夫血，万里城堆百姓骸。

第二回
马谷种瓜杀机暗伏
仙山求药梦兆何凭

第二回 | 马谷种瓜杀机暗伏　　仙山求药梦兆何凭

万里长城造成后，心高志大的秦始皇并不觉得满足，他认为北边既然扩展了许多地方，南边也应该照样扩展才是，便又派军队向南发展。

中国南方原是楚国的领土。秦灭了楚，占了楚的全境，分作十个郡，最南的是长沙郡（现在湖南省）、黔中郡（现在湖南省西部一带）、会稽郡（现在江苏省东南部和浙江省西部）。这些地方在那时还是地广人稀，其中长沙、黔中两郡，住的人民大多属于三苗后裔。北方汉族人民到了这两郡，都感到言语不通，生活不惯，所以移来居住的人极少。秦始皇既然要向这些地方扩展，便不得不用许多的兵力。可是蒙恬带去北伐的兵已经有三十万；在骊山建筑宫室的人民有七十万；修造长城的人民又有几十万；一时再抽出许多壮丁，恐怕税收减少，便指定抽取一种非工非农的人，来充兵卒。像曾经逃亡的无业游民，曾经被招赘、寄居在妻家的女婿，这些都是很穷苦的人，一向被那时社会所看不起的。还有做小生意的商贾，也在被抽之列。这三种壮丁一共被抽了五十万人，前往南方。这样一来，社会上突然减少了许多劳动力，又增加了许多军费，人民更觉负担不起，对于秦始皇的统治也更加失望了。

这支大军由会稽渡江南下，渐渐地深入南方。这时候南方居住的民族很复杂，风俗习惯、言语也都和北方差别很大。相传他们的先人本是夏朝大禹的子孙，被封在越国为君，后来在周朝末年，越被楚灭了。越国人民分散各地，和原住南方的蛮族混杂居住,所以团结力十分薄弱。秦兵一到,把这许多部落逐个赶散,没费多大力量,便把广大的南方收归一统。秦始皇接到捷书,自然十分高兴,便下诏把南方分成四郡,名为闽中郡(现在福建省)、南海郡(现在广东省)、桂林郡(现在广西)、象郡(现在越南的东北部)。各派官吏前去管理。这五十万大兵便驻扎在五岭(在今广东省北部一带)地方。

在南北两方先后传来的奏凯声中,咸阳掀起了如火如荼的庆祝高潮。秦始皇为了表示得意,连日在咸阳宫赐宴群臣。这咸阳宫经过累代添造,已经是宏大轩敞,伟丽无比。宫里陈设的全是黄金白玉、翠羽明珠,说不尽繁华奢侈。一排一排衣冠整肃的臣下挨次向秦始皇叩头称贺,以后便分列左右,陪侍始皇大宴。酒过三巡,始皇看着宫里许多臣下恭恭敬敬地整齐排列,肃静无声,显出皇帝的尊严,心里好不高兴。但是回想一下,忽然又觉得有点美中不足。他微微皱一皱眉头,望着上面挂的蟠螭(pán chī)九枝灯,默然无语。这蟠螭九枝灯是白玉琢成九条螭龙纠结交蟠的挂灯,层层鳞甲都是剔透玲珑,灵活得和真龙一般,乃是秦宫的一宝。始皇若有所思地注视着它,还没有说话,那一向陪侍在旁的博士七十人一个个端起酒杯走到始皇面前,恭敬上寿。始皇心不在焉地接过酒杯,却向丞相李斯说:"这咸阳宫是先王所建筑的,现在看起来,已经太小了,也不够华贵。今天侍宴的人不算多,要是举行盛大宴会,岂不太拥挤了吗?可派人察勘渭水南边地方,另外起造高大的宫殿,越快越好。"李斯恭敬地应了一声:"领旨。"旁边一个臣下连忙凑趣奏说:"这座宫在当时已经算是很大很富丽了,当然,那时秦国地方不过千里大小,能够有这么大的宫,很够用了。现在倚靠了皇帝陛下的圣明英武,大奋神威,削平了六国,把北方的匈奴和南方的百越群蛮都平定了。中国的版图扩充了许多,只要是太阳和月亮能够照到的地方,都归陛下统治。这真是从古没有的伟大功业。并且陛下又划定了郡县,永远不再封建诸侯,根绝了战争的祸患,人民都安居乐业,传到万世万万世，这样巍巍功德实在没有任何帝王可以比拟，自然应该另外构造宫殿，才能和功业相配。"秦始皇听他所说，正抓着自己痒处，不由点头微笑，心里很是得意。

不料那七十个博士因为刚才上寿时候，没有得到始皇好感，很觉得没趣，现在却给别人抢了面子，好生妒恨。认得这个说话的人是仆射（秦官名）周青臣，并不是什么尊贵官员，便有心和他抬杠。当下博士淳于越进前一步，微微冷笑，向始皇奏道："臣听说自古帝王享国最长久的要算从前商朝和周朝了。这两个朝代都有一千多年的历史，兴旺无比。他们为什么能够传得这般长久？因为他们把自己的儿子兄弟都封做诸侯，占着势力。有了什么意外的事，可以互相帮忙。现在陛下统治万方，但是没有封建列国，子弟不过赤手空拳，无权无势。将来万一有了不忠的臣下，岂不危险？办事不看古人的榜样，是不行的。周青臣一味恭维，只讨陛下欢喜，这实在是不忠的人。"说完又看了周青臣一眼。

始皇正在兴头上，给淳于越说了这么一篇赞颂前朝的大道理，好不扫兴，一时不便发作，便抬头扫了群臣一眼，冷冷地说："诸卿以为怎样？淳于越说得对不对？"

大家一时摸不着始皇脾气，都面面相觑，不敢发话。只有丞相李斯原是当初批驳王绾封建子弟的人，听见淳于越这般议论，完全和他从前所说相反，不由心里冒火，连忙出位启奏："这淳于越所说的话，完全不合时宜。当初三皇五帝都是贤明君主，可是他们所做的事各各不同，制度也都变换过，却都治理得很好。可见他们是随机应变，没有拘泥古法。现在陛下神功圣武超过三皇五帝万倍，这样伟大的功业，是要流芳万世的，淳于越一个腐儒哪里能够明白？从前制度有什么价值，值得模仿？"

始皇听了不觉点一点头，李斯趁势又奏说："从前因为有了诸侯，各国纷纷招请游学的人，各说各的道理，以致是非颠倒。现在陛下统治中国，政权集中。百姓只消努力农事和工商，官吏只消学习国家法令，便是良善人民，用不到再学什么。这些儒生不学现在，要学古代，随意批评政令，故意造作谣言，大家结党寻朋，夸古骂今，这对于皇帝的尊严大有妨碍，应该查禁。请旨把天下所有历史，除了秦国史记之外，都完全收来烧毁。其他诗书也都送到官府烧毁。只许博士官那里存留，以供参考。百姓是不许有书的。谁敢谈论诗书，便处死罪。谁敢引用古书议论现在的，全家抄斩。隐瞒不报的人一律办罪。过三十日还不烧毁的，不但刺面，还要罚做苦工。只有医药、种植、卜筮等书还可以留下。这是臣李斯冒死建议，伏望陛下允准。"

李斯这篇言论，把淳于越说得满脸通红，无地藏身。周青臣暗暗得意，却不敢表现出来。秦始皇脸上露出高兴神气，含笑说道："朕既然为了万世打算，就应该决心行去。丞相的建议很好，可以采用。"李斯和群臣都高呼："万岁！万岁！"

一席酒罢，传达圣旨的使者立刻分赴天下各处，限期烧书。各郡的郡守、郡尉，各县的县令、县尉，都大大忙碌起来。他们指挥了管理十亭的乡长和管理十里的亭长们，都到民间宣传旨意，叫老百姓趁早把书献出去烧，不要惹火烧身。

原来那时还没有印刷术，也没有纸，连毛笔也还没有普遍应用。据说发明毛笔的人就是大名鼎鼎的修筑万里长城的蒙恬将军。在这样困难的条件下，每部书都得经过很辛苦的人工抄写的手续：先把粗大毛竹破开，削成大约一尺长二寸宽的竹简，磨光了，用火烘干，刮去上面的青皮，在竹简上端钻了一个小孔，然后用竹签蘸了漆汁在简上写字。每枚竹简大约只写得二十多字，写好，用皮带穿过小孔，把许多竹简联结起来，称为一册。这样笨重的工具、细致的工作，一部书得费许多时间才能抄好！

因为竹简占的面积太大了，便有人用丝帛代替竹简。那时候棉花还没有被采用来织布，能够写字的只有贵重的帛。写好了便卷起来，称为一卷。虽然比竹简轻便得多，代价却也贵多了，普通人民是不容易得到的。

这样耗费血汗艰难抄写起来的书籍，人民都珍重地保存在家里，祖孙父子代代相传，当作知识的源泉，传家的珍宝，轻易都不肯借给人去读去抄。现在却要他们无代价地送去烧毁，这如何舍得？可是秦的法令是这样严厉，书又是笨重东西，无法藏匿，一向左邻右舍全都知道哪家有书，更瞒不过亭长乡长。在各方面的压力下，人民无可奈何，只得把心爱的书一车一车地送到郡县办公地方去堆积起来烧毁。

三十六郡燃起了三十六个大火山，无数小县也燃起了无数小火山，接连不断地整天整夜焚烧着，把无数人民的血汗、长期的文化结晶，都化成滚滚黑烟，冲天散去。

秦始皇因为怕人民引用古书古法来诽谤他，摇动他的统治权，所以干脆把书烧了。但是究竟有什么用呢？后人有诗说：

> 谤声易弭怨难除，秦法虽严亦甚疏。
> 夜半桥边呼孺子，人间犹有未烧书。

正在全中国雷厉风行严格执行烧书法令的时候，咸阳南边，七十多万刑徒却拿起了斧头铁铲，正在喘吁吁地搬泥运石，锯木凿山，起造钜丽雄伟的阿房宫。

这座阿房宫非比寻常，光说一座前殿，从东到西就宽有五百步（三百丈），从南到北长有五十丈，殿上可以坐得一万人。殿前站着十二个金光灿烂的铜人。殿里是文梓作栋，香柏为梁，紫檀雕的栏槛，白玉琢的柱础。为了恐怕刺客私藏暗器进殿，特地用磁石琢成殿门。这样，带有铁器的人就会受磁石的吸引，不能顺利进殿。殿后建筑了三百座美轮美奂的皇宫，各宫上面都架了阁道，像长桥一般，可以互相往来。这许多宫殿都是华丽无比、连绵不绝，占地几百里。所用的巨大木材和石料等，咸阳附近不够供给，都由蜀（现在四川省）、楚（现在湖南省）一带高山深谷里砍伐运来。这些砍木采石的人，整天劳动着，过着奴隶一般的生活。

这几百座金碧交辉的宫殿四周，都栽种着芙蓉杨柳、异草奇花。无数亭台楼阁，高低错落，掩映在花木丛中，没有一座建筑物的结构是相同的。此外，又选了成万个美丽的妙龄宫女住在这些宫殿里。始皇随时来来去去，由阁道上穿宫过殿，任意游玩，过着荒淫糜烂的生活。

这种过度的享受，使得秦始皇更加希望长生，不断地催促方士们去寻觅不死药。那些方士虽然会想尽方法骗取始皇的赏赐，可是没有一个真的能使什么神仙下降的。无论他们想出怎样的难题来，但始皇都一一办到了。这使他们感到十分伤脑筋。就中要算卢生最精灵不过了，他知道物质上的难题是难不倒始皇的，万一谎话拆穿，如何是好？便想出一种办不到的事情来作难始皇。当始皇查问为何求不到神仙的时候，他便花言巧语地说："神仙是喜欢清静的，所以要住在海外仙山。神仙不需要富贵，也不需要世间一切东西。可是我们凡人却需要长生，需要寻觅神仙。因此，要寻觅长生的人必须住在深山中没有人迹的地方。这样才能和爱静的神仙接近。现在陛下外有文武百官，内有妃嫔宫女，左右陪侍。如此闹哄哄的环境，神仙怎么肯来？"始皇听了，不由大失所望，急忙问道："那么据你所说，朕是永远看不见神仙了？"卢生摇头说："那也不一定。因为陛下掌管国家大事，完全住在深山是不可能的。假使能够住在清静地方，不让人知道陛下踪迹，再有坚诚的信仰，仙人就可以来了。"始皇这才松一口气，说："好的"，便回头吩咐左右："从此以后朕在什么地方，不许你们泄漏。谁敢说出，立刻处死。"卢生听了，暗暗捏一把汗。他要说神仙是求不到的，他的饭碗就砸了；要说可以求到，当不起始皇立刻要他兑现。没奈何只得赔着笑脸说："陛下这般真诚求仙，仙人一定会下降的。臣请沐浴斋戒，再去海上求仙。"始皇欣然允许。

卢生退出宫外，左思右想，这个谎话早晚总要拆穿的，还不如趁早"见机而作"，免得自取杀身之祸。正在打算怎样逃走的时候，恰好他的一个朋友侯生前来拜访。大家说起求仙的事。侯生说："皇帝法令严得很，有许多人因为献的仙方不灵，都砍了头。一句话不对，也要砍头。我看倒不如早些离开此地为妙。"卢生也把刚才的事情说了，和侯生互相商议了一会，便由卢生去领了一批求仙的盘费，两人一同逃走了。

卢生一向在始皇面前撒谎，得了许多好处，旁人早就对他很妒忌，现在一走，便有人出来告发，说他不肯替始皇求仙，反和侯生诽谤始皇。说得始皇大发雷霆，立刻命人搜捕卢生、侯生回来严办。搜了好几天，恰似石沉大海，渺无消息。官吏唯恐始皇责怪，只得把咸阳城里曾和卢生、侯生往来的儒生们一一传来查问下落。这些儒生虽然不知卢、侯两人去向，但是一向都曾私下批评过始皇，一经拷问，吓得浑身哆嗦，没奈何只好把所知道的事情一一说出。一个招出一个，越牵越多。问到后来，倒有几百个儒生牵连在内。问官便把诸生供词奏上，始皇看了勃然大怒，说："朕待儒生、方士这般优厚，是要他们访求奇药，辅佐太平。他们不但没有丝毫成绩，反妖言惑众，诽谤朝廷。这般没有天良的人，留他何用？赶快押出去，刨个深坑，活埋了事。"

这时候始皇最大的儿子名叫扶苏，正在始皇旁边，连忙上前启奏，说："陛下息怒。这些儒生固然不该妖言诽谤，但是他们都是读过经书的孔子门徒，未必个个都这般不忠不敬，也许其中有几个冤枉。现在一起都杀了，恐怕人心不安。请陛下暂息雷霆，再加拷问。"

始皇一听扶苏言语，更加动怒，大声喝道："你懂得什么，也来多话？快点去北方监督蒙恬军队，不必在我身边惹厌。"扶苏见始皇这般动气，不敢再说，只得遵命到北方监军去了。这一场大屠杀，一共活埋了四百六十多个儒生。可是始皇心里还没有满足，他认为这些读书人不免总要在背后赞美古代，讥笑现今，只有把他们尽数除去，才是最妥当的办法，便唤过近身小臣，嘱咐他如此这般。小臣奉旨去了。

过了几时，又是寒冬时候，忽然骊山守吏奏报："骊山的马谷（现在陕西省临潼县西南）地方，有瓜结实。"始皇下诏查问儒生："冬令瓜熟，是什么原因？"咸阳许多儒生都觉得十分诧异，大家议论纷纷。有的说是祥瑞，有的说是灾异。始皇便命所有儒生都去马谷观看瓜实，再做决定。这许多书呆子哪里知道其中巧妙，果然都乖乖地到了马谷，察看瓜实。彼此辩论吉凶，引经据典，驳难不休。正在争执得面红耳赤各不相下的时候，忽然谷上一声梆响，无数大石头由谷上纷纷落下，打得七百多个儒生走投无路。一霎时血肉横飞，尸骸狼藉。不消片刻，全谷堆满土石，把七百儒生活埋谷底。后人因此，把马谷称为坑儒谷。

原来骊山本有温泉，流过马谷，谷里气候常常温暖如春。始皇特地嘱咐小臣在谷里种瓜，设下圈套。从此剩下幸保生命的博士们更加小心翼翼，谁也不敢多说一句话了。

一天，始皇正在梁山宫里的阁道上经过，偶然望见远远有一队车马。车前排列仪仗乐队，对对齐整，旌旗麾盖，密密层层。车后跟着随从的人，有的骑马，有的步行，蜿蜒连属，和一条长蛇一般。始皇不觉指着问道："这是谁？这样威风！"左右回答说："这是丞相李斯经过。"始皇把嘴角微微一撇，说："丞相出行，要这许多护卫吗？"左右听得口气不善，不敢回答。早有和李斯相熟的宦者暗中通知李斯。李斯听了吃惊不小，连忙把车马护卫减去大半。过了几时，始皇又在阁道上望见李斯经过，车马仆从寥寥无几，不觉动了疑心，便喝问左右："这一定是你们把我的言语泄漏出去。要不是这样，为何丞相的仆从减少了许多？"左右吓得面如土色，连忙跪下，叩头和捣蒜一般，都说："奴才们委实不敢。"始皇不信，问了两遍，没有人敢认，始皇便把那天随身的许多宦者、宫女完全杀了，一个不留。

始皇的性格是这般严酷暴厉，一般官吏也跟着竭力压迫人民。秦的法令又是十分残酷的，被认为有罪的人，轻则斩首，重则活埋、腰斩、车裂（俗称五马分尸），还有杀尽全家男女老幼和三族的。三族就是父族、母族、妻族。只要一人有罪，三族连带被杀，这个罪及三族的人还要备受五刑。什么叫作五刑？先割舌，割鼻，砍去左右脚趾，鞭打到死，才割下头来，再把他骨肉砍成肉泥。

在这般暴虐统治下，人民当然忍受不了，可是在另一方面，秦始皇对于大的商人、地主却又十分优待。

却说那时乌氏（现在甘肃省平凉县西北）地方有一个牧人，名倮（luǒ），养了一群牛羊，在乌氏放牧。他看见内地商人往来买卖，得到厚利，心里十分艳羡。便想出一种赚钱方法，把自己所养的牛羊卖给人，得了货价，到内地采买丝织锦绣和美丽夺目的绸缎，带回乌氏，献给附近的戎王。

戎王生长于西方，不曾见过中国的丝织品，突然看见这样灿烂贵重的东西，大为高兴，便赏给倮许多牛羊，比他原有牛羊的数目还多了十倍。倮赶了牛羊回来，再到内地，贱卖给人，又换了许多锦绣，再运去西方和戎族做生意。那时西方戎族部落极多，这里卖一批，那里卖一批，赚到牛羊不计其数。他便买了奴隶，替他看管牛羊。后来牛羊多到栏栅都容不下，只好把它们赶在山谷里。一谷又一谷，漫山遍野，数也数不清。只能按照谷的数目来计算，装满多少谷，便算没有遗失。

倮的脑筋既然这般灵活，自然也会交结官吏，讨好朝廷。秦始皇知道他是这样一个大商人，便尊宠他，许他和群臣一般可以朝见自己，俨然贵族了。

还有一位寡妇，名清，是巴（现在四川省巴县）地方的人。从她的祖上起，就开采朱砂矿，称为丹穴，用了许多奴隶，世世获利无算。到了她手里，越发精打细算，丹穴的产量更加多了。她有的是钱，便交结地方官吏，来维持自己的利益。自然她的大名就越传越远了，一直传到秦始皇的耳朵里。始皇对于这位巨富的妇人大加夸赞，特地命官吏在她居处附近筑了一座女怀清台，来褒美她。乌氏倮和巴寡妇清都得到了秦皇帝的青眼，也可看出秦代是怎样地优待大商人了。

至于一般善良人民的痛苦是难以形容的，他们除了生活极度贫困之外，还不断地要被抽取壮丁移居边地。一家骨肉生离死别，一辈子也没有回来的希望。本来盼望统一可以解除战争的痛苦，可是现在却更加一倍压迫。

恰巧这一年东郡（现在河南省濮阳县）地方，由天上掉下了一块流星陨石。地方官吏便前来察看，忽然看见石上隐隐约约刻有七个大字："始皇帝死而地分。"这原是反抗秦皇暴政的人故意刻上去的，当时大家不知，看见了都吓得伸出舌头，半天缩不回去。要想隐瞒不报，又怕罪上加罪，只得硬着头皮，据实奏上。始皇生平最怕"死"字，一听石上字迹，登时大怒，派了御史到东郡捕捉居住在石头旁边的人民，逐家讯问是谁刻的。这样的罪名，谁敢承认？始皇就吩咐把住在石头附近的人民尽数杀死，又命架起柴堆，把那石块也烧成沙土。

始皇心里总觉得怏怏不乐，渐渐精神不振，身体衰弱，便叫卜人卜了一卦。卜人说："据这卦兆，出游迁徙大大吉利。"始皇算起来已经好几年不曾出游，也想出外散闷，便定了第二年出巡，一面将三万户人家搬往河北，作为禳（ráng）解。恰巧镇守五岭的将军们派了赵佗上书，请抽孤身女子三万名，替士卒缝纫、浆洗衣服。始皇批准了一万五千名。民间无故要被抽去许多青年妇女，自然更加怨恨。

转眼十月到了，就算新年，始皇重新出巡南方，带了左丞相李斯同行，巡视浙江、会稽各处。一路上人民夹道观看，拥拥挤挤，何止几十万人。始皇也觉得精神好像比在宫里爽快了许多，便由海边向北，直到琅琊，望见海涛汹涌，想起蓬莱仙人还没有见到，心里不觉焦躁起来。便唤进方士查问求仙情形。方士们受了许多赏赐，求了许多年仙，也怕始皇嗔怪他们没有成绩。仍由最会说话的徐福报告说："海里仙山实在距离并不太远，好几次已经驶得快到了，可是海里常常有极大的鲛鱼，掀波作浪，把船只打得几乎沉没，只得回来……"始皇不等他说完，便叱责说："难道许多船走了许多年月，就没有一只船走到的？"徐福看见情形不妙，连忙回答说："差不多都是走不到的。但是臣本人却因为托了陛下的洪福，冒了万死，居然被臣走到了。"始皇不觉精神一振，满脸喜色，说："难得，难得。你看见了什么？"徐福说："那时海上波涛万丈，船只打翻无数。臣的船也曾被海水灌了进去，卷掉好几个水手。臣虔心跪下祷告，求仙人保护。经历了无数的惊涛骇浪，才看是金宫银阙出现在不远地方。那时臣鼓起勇气，拼命向前驶去，不多时，居然靠近山边，望见山上站立一位巨大的神，金冠玉佩，大声吆喝说：'你是西方皇帝的使者吗？'臣连忙回答'正是。'大神说：'你西方皇帝统治中国，还有什么不足，派你前来？'臣恭敬地回答说：'皇帝尊敬仙人，思慕长生。特派小臣前来请求不死仙丹。伏乞仙人赏赐。'大神笑着说：'仙丹是有的。但是你皇帝派了你来，便就得到，未免太容易了。'臣连忙叩头恳求说：'皇帝实在十分虔诚，派了许多使者，因为海里风涛险恶，不能达到。臣也是经历无限危险才到达的。皇帝还命臣送上明珠万颗，黄金万镒（yì），进献仙人。这也算是极其诚敬的了。如果得不到仙药，臣如何回复皇帝圣旨？'大神听了似乎有一点感动,说:'也罢!我原知道你也是不容易来到这里的,才让你的船拢近仙山。刚才不是我略施神力,你的船早就翻了。据你说来,秦皇帝倒还具有诚心,不过这般薄礼,神仙并不稀罕。要得仙丹,还得另备厚礼前来,才显得皇帝果然一片虔诚。'"徐福一边说,一边偷眼瞧看始皇脸色,看见始皇有一点狐疑模样,连忙接下说:"那时臣苦苦求告说:'皇帝尊为天子,神仙要什么礼物,只要吩咐一声,全可以办到。只是仙丹没有取到,臣回去如何回话?'大神说:'这也不难,我现在领你去看看仙山妙境。只许看,不许取。'说罢吹了一口仙风,臣的船便随风吹到东南蓬莱山下。山上异草奇花,香气四溢,明珠铺的道路,白玉砌成的阶级。最奇怪的是宫阙,完全是五色灵芝,层层生成,玲珑剔透。宫前有一条黄金色的神龙,光彩灿烂,照得满天通明。大神指着这龙说:'你知道吗?这不是龙,是神仙使者。有仙缘的,就可以引导他上天。这许多灵芝,得到一茎,吃了就永远不死。'臣又拜求道:'愿神指示,要怎样厚礼,才能得到仙药?'大神说:'你要带三千个青年健美的童男童女和百种工艺的工具,五谷蔬果的种子,送到仙山,就可以得到仙丹了。'说罢,又吹了一口风,臣的船登时飘飘荡荡,又到了海的中间,再也看不见仙山了。臣回到琅琊,正想奏上皇帝,恰巧圣驾东巡。如果带了礼物,再预备上等的射手,看见鲛鱼就把它们射死,总可以取到仙药了。"

徐福诌了这一大篇鬼话,果然骗得秦始皇心花怒放,登时满面春风,连说:"这个容易,只要你求得仙丹回来,决不吝惜小小礼物。"立刻唤左右传旨挑选美貌年轻的民间童男童女三千人和百工技艺,农器工具,件件齐全,派徐福再去海上求仙。

许多方士看见徐福不再去骗取金珠,却要这许多男女,都莫名其妙。谁知徐福却是最最聪明的人,他知道秦始皇不是好骗的人。谎话戳穿,就不得了。还不如趁早打算,急急带了三千男女,百工农具,自然还有粮食衣服,上船逃生去了。

走了很多天，望见前面有一个大岛，徐福便命把船泊岸，自己上去观看，知道这岛土地肥沃、草木丰盛，忙把许多东西搬上岸去，构造屋子，种植米麦蔬果，并把三千男女都配做夫妇，自己便成了一个国王。从此再也不回中国了。有人说，这岛就是现在的日本；也有人说，这岛是现在的冲绳。但是日本历史上却载着这件事，到现在日本还有一座徐福墓，算是有名的古迹。

且说秦始皇派了徐福出海以后，把满心希望都寄托在他身上，因为始皇做了三十多年的帝王，被酒色淘虚了身子，加上年龄已高，便渐渐觉得精神不济，越发感到长生不死的必要，恨不得亲自入海求仙才好，左思右想，越想越迷。到了夜里，果然梦见自己坐了大船出海，一直望仙山驶去，恍惚看见前面隐隐约约露出金宫银阙，光彩夺目。海里风平浪静，一碧连天，那光景美妙无比。正在满心欢喜的时候，忽然狂风大起，重重叠叠涌上许多白浪。呼的一声，一个相貌狰狞的凶恶海神由万叠浪花里跳出，一直向始皇扑来。始皇身边护卫急急抡刀绰剑和海神大战。这一场厮杀好不凶猛，吓得始皇一身冷汗，猛然惊醒，却是一场噩梦，心里兀自忐忑不止，便唤宫女去叫会占梦的博士来，问他这梦主什么吉凶。占梦博士明知这梦境是始皇念念求仙的心理所造成的，为了迎合起见，便谄媚地说："这是仙人指示陛下，仙山可以寻到。只是因为有凶恶海神，阻挠陛下求仙的道路。必须把这凶神除去，便可以顺利地到达仙山了。"始皇沉吟了一会，说："要用什么方法，才能除去凶神呢？"博士说："这种凶神常常化身做大鱼或是蛟龙之类，掀波作浪，阻止仙路，只须把他的化身射死，这凶神便被除去了。"

始皇很相信这个建议，因为它和方士所说的话互相符合，便立刻吩咐预备捕捉大鱼的强弓硬弩。每条出海的船都要带着。这时候已经有一种弩箭，可以一速发出几支箭的，称为连弩，是海上射鱼的最厉害的武器。始皇自己也带了连弩,由琅琊沿海向北,寻觅大鱼,一直走到了成山。谁知偏偏这几天波平浪静,一条大鱼也没有撞着,好不扫兴。

到了芝罘,忽然看见前面浪花乱溅,一条大鱼正在扬鬐(qí)鼓鬣(liè)、逍遥自得地游过来。随从人员一眼望见,犹如得了至宝一般,连忙架起连弩,箭似飞蝗一般向它射去。这条大鱼一连中了几箭,在海里挣扎了一番,半沉半浮地死了。群臣立刻欢声雷动,一齐向始皇拜贺,说是现在凶恶的海神已经射死,从此求仙再也不受阻碍了。这番徐福出海,仙药一定稳稳取到。始皇听了,心里略略有点高兴,便吩咐启驾回转咸阳。

走了几天,始皇越发心神恍惚,头昏身热。随驾的医生天天为他诊治,丝毫也不见效。这时候正是农历六月,天气十分炎热,带了病在路上跋涉,自然容易病上加病。左右妃嫔臣下,谁敢劝告一句?始皇一心只急着想早回咸阳,不肯停在半路休息。

又走了几天,刚交七月,正好走到沙丘(现在河北省平乡县东北)地方,始皇已经病得十分沉重。这沙丘原有一座赵国的沙丘宫,建筑得很高大。始皇只得暂时停歇,预备过了暑天再说。

这时候始皇身边只带了一个最小的儿子,名叫胡亥。还有二十多个儿子都在咸阳,没有带来。最大的儿子扶苏却在蒙恬军中。始皇生性多疑,最怕人说到"死"字,虽然病得这般沉重,没有一个臣下敢提到将来的话。始皇自己以为这病一定是得罪了什么鬼神,便派了最亲信的大臣、蒙恬的弟弟蒙毅去祷告山川,请求鬼神庇祐,早日恢复健康。

蒙毅刚刚去了几天,始皇的病势更加沉重,昏迷了好几次,自己知道不好,便唤进得宠的宦者赵高,叫他写了诏书给扶苏,叫扶苏速速回到咸阳接位。写好了,预备盖好皇帝印玺再派人送去。

就在这时候,这雄豪盖代的秦始皇终于在寻不见神仙的归途上,抛弃了他一手统治的锦绣河山，结束了他一生重大的事业。他一共活了不平凡的五十岁。

他替中国完成了统一的基础，也替秦朝种下了灭亡的祸根。他开创了许多伟大的事业，也屠杀了无数的人民，这正是：

功首罪魁非两人，遗臭流芳本一身。

后来唐诗人李太白有一首古风专咏秦始皇，说：

秦皇扫六合，虎视何雄哉！挥剑换浮云，诸侯尽西来。明断自天启，大略驾群才。收兵铸金人，函谷正东开。铭功会稽岭，骋望琅琊台。刑徒七十万，起土骊山隈（wēi）。尚采不死药，茫然使心哀。连弩射海鱼，长鲸正崔嵬（wéi）。颔（è）鼻象五岳，扬波喷云雷。鬐鬣蔽青天，何由睹蓬莱？徐市（福）载秦女，楼船几时回？但见三泉下，金棺葬寒灰。

始皇已死，丞相李斯恐怕引起纷乱，便嘱咐宦者、宫女不许声扬出去。把始皇放在车上，冒着大暑，依旧起程。一路上奏报政事，呈进饮食，如同平日没事一般，只有胡亥、李斯、赵高和始皇身边的宦者、宫女五六人知道。

这赵高是始皇管理符玺的宦者，一向很会献殷勤，讨得始皇欢喜。他又学会一点刑法律令，便去巴结胡亥，教他审判的知识。胡亥也把他当作心腹。这样，赵高便得意起来，胡作非为，却被始皇知道，交给蒙毅去讯问。蒙毅秉公审讯，定了赵高死罪。偏偏始皇认为赵高平日很勤谨，把他赦了。赵高自此怀恨蒙毅，要想害他，只是没有机会。这番始皇赐扶苏的玺书正好落在他的手里。他盘算一番，扶苏做了皇帝，蒙恬、蒙毅一定得势，这仇就报不成了。便把玺书藏起，来见胡亥商量。

胡亥看见赵高满面忧愁的模样，便叫身边的近侍都退去，查问赵高为什么。赵高悄悄说道："现在皇帝已经崩逝，留下诏书，只叫公子扶苏继位做皇帝，并没有分封别个公子。你将来到了咸阳，就是光杆平民。这如何是好？"胡亥是个二十岁的没有经验的少年，哪里知道赵高心意，便回答说："知子莫如父，既然父亲没有遗命封儿子，这也没有什么可说的。"赵高摇一摇头，鼻子里哼了一声，说："你说得太轻巧了。他做了皇帝，就有杀你的权柄了。你想，他是最大的儿子，反在外边辛苦。你是最小的儿子，反在皇帝身边，得到皇帝宠爱。外人都说你是有意要抢太子的地位。他老早就很恨你，只是惧怕皇帝，不敢害你。现在他做了皇帝，非害你不可，我想你不如趁早打算。"胡亥给赵高说得目瞪口呆，半晌应道："这真是冤枉，我何曾想要抢做太子？"赵高冷笑说："你是没有这心，可是现在井水也洗不清了。要是到了咸阳，迟早是死路一条。幸亏这封玺书还在这里，外人也不知道皇帝崩逝，只有丞相一人知道。只消我们三个人同心合意，什么事不好商量？你想：放着皇帝不做，傻也不傻？现在是千载难得的机会，一错过，再懊悔可就晚了。"胡亥听了，不由心头忐忑，心跳个不停。他何曾不羡慕皇帝的享受？无奈有二十几个哥哥，怎样也不会轮到自己做皇帝。现在被赵高提醒了，不觉心里又惊又喜，又怕事机不密，弄出祸来。他吞吞吐吐地说："恐怕丞相未必肯答应吧？"

赵高何等狡猾，察言观色，已经知道胡亥有意，便接口道："这个只消臣和丞相商量商量。"说罢便去见李斯。

李斯一见赵高，便命手下人退去，皱着眉头说："不巧得很，这几天天气太热，车里透出一种气味。我只怕被人知道，刚才想了一个法子，传命他们载一车鲍鱼同走，暂时混一混。总得快一点赶路才好。"赵高答应一声："好！"接着说："今天正要来请示一件事。那天皇帝赐长公子的玺书，还没有发出，现在都放在公子胡亥那里。这事情没有一个人知道。要立谁做太子，只在君侯一句话。"李斯吃了一惊说："啊！啊！这是什么话？这不是臣下应当说的。"赵高等他说完了，才慢慢地说："君侯不必害怕，请君侯自己想想，有没有蒙恬能干？有没有蒙恬的功劳？有没有蒙恬的足智多谋？有没有蒙恬的不结人怨？有没有蒙恬的得到长公子信任？请自己摸一摸心。"李斯听了，无话可答，沉吟一会说："这些我自然都比不上蒙恬。但是，你为什么要说这些话？"赵高说："君侯既然自己知道件件不如蒙恬。那么长公子做了皇帝，自然要用蒙恬做丞相，难道君侯还能再做吗？不但这样，秦的丞相从来没有安然回乡的，结果总是被杀。长公子性情又是那么刚毅，那时君侯就要告老还乡，恐怕也来不及了。公子胡亥宽仁忠厚，可以做得太子，要是立了他，君侯的功劳就没有人可以比拟，世世封侯，岂不是安稳的事？"李斯听了，心里犹豫了一会。他虽然恐怕相位被蒙恬夺去，但是要假造始皇的遗诏，却也委实没有这样大胆。他摇摇头坚决地说："这样的事我可不敢做。我李斯不过是上蔡地方一个百姓，蒙皇帝的恩，做到丞相，还封了侯。一家子孙都有了很尊贵的职位。皇帝这样待我，就为了要把事情付托我，相信我是靠得住的。我只该守着本分，遵奉诏书的吩咐。怎么可以负心去做这样的事？不能，不能！请你再不要说这样的话。"

赵高见李斯还是不依，便突然把脸一放，露出狰狞的面目，冷冷地奸笑一声，说："我是好意来劝你，你得明白一些，不要自己惹出祸来。你想，现在诏书已经在胡亥手里，那么天下的命也就都在他的手里。他要怎样，谁敢不依？算我赵高手里还有玉玺，还可以和胡亥商量几句。你如果和大家合心，管保世世封侯，长享富贵。要是你一定不肯，哼！恐怕难保全家性命，那时懊悔也就太晚。是祸是福，就看你今天自己选择了。"说着把眼睛盯在李斯脸上，等他回答。

这几句话果然把李斯吓得面色都变了,浑身也发起抖来。他知道始皇遗诏已经落在胡亥手里,赵高又掌管着玉玺。如果不依,胡亥只消轻轻添上一句,就可以处死自己和全家的性命。他想到这里,怎么不害怕?便长叹几声,两眼流下泪来,凄惨地说道:"我为什么这样不幸,会碰到这样的事情?"说着呜咽起来,又叹了一口气,说:"罢了!我既然舍不得这条老命,那只好由着你们了!"

赵高立刻转了笑容,说:"这才算识得时务的俊杰。胡亥绝不会忘了君侯功劳。"

赵高回报胡亥,两人满心欢喜,把始皇玺书完全改了,立胡亥做太子,并赐死扶苏和蒙恬,以绝祸根。

使者到了蒙恬军中。扶苏和蒙恬出来接诏,看见使者捧着一把宝剑,还以为是要处罚将校用的。想不到打开诏书,宣读起来,数说扶苏、蒙恬如何不孝不忠,不但出师多年,毫无功绩,并且常常上奏诽谤,应该立刻处斩,姑念父子之情,赐给宝剑,早早自尽。使者立等回奏。蒙恬也该即日自杀,兵权交给副将暂管。这样晴天霹雳一般的诏书,惊呆了全军将士。扶苏浑身颤抖,眼泪扑簌簌掉下。使者捧过剑来,交给扶苏。扶苏颤巍巍地伸出双手,接过宝剑,像失去知觉一般,迷迷糊糊地退入内房去了。

蒙恬究竟是个武将。他对于这"突如其来"的打击,虽然也十分震惊,但他立刻便恢复了理智,跟着扶苏到了内房,看见扶苏痴痴地拿着宝剑,满面泪痕,正要自杀。

蒙恬上前向扶苏说:"这诏书实在太奇怪了。皇帝平常是很爱公子的,为什么这次忽然动这样大的气?公子是皇帝最大的儿子。臣所管的军队又是几十万的大军。公子来监臣的军队,是天下最重要的大事,哪有这样轻易赐死的道理。依我看,这诏书不见得是真的。"

扶苏拭一拭眼泪，呜咽地说："谁敢假造皇帝的诏书？没有的事。"他说着，又想起四百多个儒生一起被活埋的事。他相信始皇的手段是辣的。他离开父亲许多年，可能有人在父亲面前说了他的坏话。他知道父亲是杀人不眨眼的，几十年来杀了不知多少无罪的人。下这样的诏书并不算什么稀奇的事。

蒙恬摇一摇头说："这事情太重大了。一个使者来，便执行了这样重大的刑罚。假使这使者是假冒的，那怎么办？公子即使相信，臣也不能让公子自杀。请由臣上一个奏章，奏请皇帝。如果是真的，那时再自尽，也不算晚！"

扶苏叹一口气说："算了吧，父亲要儿子的命，还奏个什么！"

正在这个时候，外面使者喊道："公子！臣立等回奏。皇帝定有限期的，请早早自尽吧！"扶苏一听外面声音，立刻咬紧了牙，使劲把宝剑抽出。蒙恬抢前一步，按住宝剑，说："使不得，这事情太可疑了。臣一定要去奏请，公子且不要……"扶苏满面泪痕，推开蒙恬的手。蒙恬抓住不放，正在难分难解的时候，突然听得一声吆喝："蒙将军！你胆敢违抗圣旨吗？"蒙恬吃了一惊，抬头一看，使者已经大踏步走进房来。蒙恬还来不及回答，扶苏早趁蒙恬手松的时候，举起宝剑，向喉间一抹，这正是：

一株玉树随风倒，万颗红珠满地喷。

第三回
咸阳市公子衔冤
大泽乡农民起义

第三回 | 咸阳市公子衔冤　大泽乡农民起义

扶苏死了，蒙恬不肯自杀。使者便唤过副将军王离，命他管理全军军务，另派了李斯心腹监护军事，把蒙恬打入槛车，幽囚起来。一切安置清楚，便星夜回来报告。

胡亥和赵高听得扶苏已经死了，心中好不欢喜。胡亥说："我原怕蒙恬帮助扶苏造反，所以也要处死他。现在既然扶苏死了，谅蒙恬不敢怎样，倒不妨从轻释放。"赵高连忙阻止说："且慢。当初始皇帝要想立您做太子，已经选定了，都是蒙毅三番两次谏阻，说什么您太年轻，应该立年纪最大的，不应该立年纪最小的。他这样花言巧语，无非因为他兄弟俩早和扶苏通同一气。现在扶苏虽然身死，他们俩未必心服，放他出来，后患不小。如果他们要追问沙丘遗诏的真假，岂不危险？"胡亥心里有病，被赵高一吓，着急起来，说："依你说，我应该如何？"赵高说："斩草不除根，春来必复发。依臣愚见，蒙氏兄弟权柄太重，不如趁这机会把他们除去，才是万全之策。"胡亥一向深信赵高，自然答应。

过了几天，蒙毅祷告山川回来，到始皇车前复旨。赵高传下假旨："蒙毅怠慢圣旨，祷告不虔，到现在才回来，有意拖延时日，应先行幽禁，等待定罪。"蒙毅不知始皇已死，哪敢多辩，自然遵旨被囚起来。

到了咸阳，赵高才宣布始皇崩逝，由太子胡亥举哀行礼，承接帝位，称为

045

二世皇帝。一面大发骊山七十万刑徒，赶筑始皇的陵墓。那份儿奢侈，简直说也说不尽。这陵周围有五里余，高有五十余丈。先由骊山凿了一条隧道，一直深入地下，遇到有泉水的地层，把泉水堵住，往下再凿。凿过了三个泉水地层，然后熔好铜汁，浇灌地下，成为铜基铜壁，泉水再也不能渗进。在这铜基上面构造许多宫殿，华丽得和地上的宫殿一般，内宫后苑，一应齐全。前殿有皇帝的宝座，百官朝见的位次和一切仪仗。内宫有床帐钟鼓，百般器具，都用金玉装嵌。所有府库的奇珍异宝都搬空了。殿外还有山水江河，模仿各地方的美景，许多条江河都用水银灌满，并设有机关，可以使水银流动循环，如同真水一般。水上还浮着白玉的凫雁和黄金的鸳鸯。上面用极大的明珠挂在墓内，作为日月星辰。后园里栽着翠玉叶子的宝树，满缀着玛瑙做的花朵。到处都设着黄金烛台，插着人鱼油做成的烛。据说人鱼出在东海，很像人形，它的油可以在地下长期燃点，不易熄灭。这样巨大的工程，由始皇做秦王时候起，已经耗费无数人民血汗，造了二十六年；到了统一六国，再加派由六国俘虏来的七十万人，又造了十一年，才把墓的内部造好。因为墓内财宝过多，怕人发掘，又做了三重铜门，四围伏下许多暗机，谁要动了墓上的土地，墓内就会发射出无数箭矢来。

　　葬期到了，二世率领文武百官，合宫妃嫔，在极端隆重的典礼下，把始皇的金棺送进墓穴。二世忽然下令：凡是始皇的妃嫔美人，没有生过儿女的，都该殉葬，不必出穴。可怜许多妃嫔，就这样活生生被留在墓里，铜门一闭，一概窒死。

　　封到第二道铜门的时候，忽然有人对二世说："这许多机关，工匠都是知道的。恐怕他们会泄漏出去。"二世恍然大悟，即刻传令外面工役，赶快把最外的一层铜门关闭。许多巧匠正在封闭第二道铜门，想不到外面第三道铜门已经堵塞，也都完全被活埋在内。

葬事完毕，七十万工役依然在墓的外面建造壮丽巍峨的陵园宫殿，日夜不停。

二世回到宫中，觉得这样富丽的皇宫现在完全归他占有，心里非常舒服，便向赵高笑道："朕既然做了皇帝，要什么便有什么。只是人生有限，一定得极力享受才好。"赵高谄媚地说："这是当然的。凡是贤明的皇帝便懂得这些，只有糊涂的君主才不会享受，自己找苦。可是话又得说回来，臣是陛下的近臣，有事情不敢不奏。沙丘的事，许多公子和大臣都有一点疑心。他们是皇帝的阿哥，大臣也是先帝的旧臣。尤其蒙恬、蒙毅兄弟俩，为了扶苏的死，更加怨恨。陛下不趁早打算，他们一旦勾结成功，那就不堪设想了。"二世听了，觉得十分有理，立刻派人去赐死蒙恬兄弟。一面又商量说："朕年纪还轻，恐怕天下人不服。先帝从前巡行天下，何等威风。朕要是住在宫内，不出去走走，要被人看轻的。"赵高自然满口随顺。

当下二世在皇宫玩了几个月，便排开銮驾，带了李斯，出巡东方各地，也刻了许多石碑，自赞功德。一路旌旗蔽日，护卫如云，和始皇当日一般热闹。二世心中好不得意，笑着对赵高说："我这番出巡，很可以使群臣畏服了吧？"赵高微微一笑，说："陛下不问，臣不敢说。这许多内内外外官吏，都是世代贵族，先帝的旧臣。他们对于陛下表面服从，心里哪一个不怀着鬼胎？陛下又使臣担任重要职务，他们更加怨恨。陛下应该趁这次出巡，把有罪的郡县守尉从严惩办，一面振作威势，一面也可以除去讨厌的人，当他们还来不及造反的时候，先行下手。另外提拔一批贫贱的人，使他们都富贵起来。他们自然感激陛下的恩德，一意尽忠了。这样才可以保得永远太平。"

二世连连点头，说："这是有理的。朕年纪还轻，不杀几个人，他们不会怕我，以为我是容易受欺侮的。只是许多守尉，谁好谁坏，谁有罪，谁没罪，倒得仔细调查调查。"赵高说："这个容易，只消臣派人打探一下，就可以了。"

赵高得了二世的口头允许，便派了心腹向各郡县讹诈贿赂。会剥削人民的贪官污吏送上金珠宝物给赵高，便算是好官，平安无事，也许还要加官晋爵。那些平日比较安分的官，没有送够礼物，便罢职丢官，或是砍头抄家。弄得各郡县叫苦连天。

二世巡视辽东，把那里的风景都玩够了，方才回驾，到了咸阳，就把审问侦讯的工作都交给赵高一手办理。二世最怕的是他的二十几个哥哥。他们都是始皇的儿子，年龄都比二世大。二世只恐他们来争夺帝位，便把赵高当作唯一的心腹，赵高也就乘机恫吓二世。

不多几时，赵高便编造了几个公子诽谤的罪名，奏上二世，由二世发给赵高去审问。这些公子都是从小享受惯了，哪里受得起刑罚，不消几棍，便什么都认了。自然是押到咸阳市上斩首示众。有几个大臣看不过，想替他们辩护，赵高便说他们要和公子们合谋造反，也把他们全家抄斩。抄到的许多金银财宝，一大半入了赵高的腰包，其余收进了二世的府库。许多大臣和公子们看了这般榜样，一个个胆战心惊，再也不敢多言。

赵高恐怕万一有人会向二世诉冤，便想出一条妙计来，等二世退朝的时候，先殷勤周到地服侍一番，故意惋惜地说："陛下这几天太辛苦了，容貌清减了许多，应该多多休息才是。"二世说："政事很多，要和大臣们商量商量。"赵高说："当初先帝管理国事多年，精明得很，没有一个臣下敢欺骗。和大臣讨论政事，也没有人敢批评。现在陛下年纪还轻，许多国事和大臣当面商量，给他们提出意见来，岂不养成了他们轻看陛下的心理？"二世本来怕臣下奏说自己所不爱听的话，尤其最近屠杀诸公子和蒙恬、蒙毅，每每有人苦口劝谏，使他更加恼怒。现在赵高的话，正合他的心意，便懊丧地说："可不是，讨厌得很。他们好像总说不完，老是絮絮叨叨的。"赵高眨（jiá）一眨眼睛，装作十分诚恳的模样说："陛下最好不要和他们多说话。这样，才可以使臣下惧怕敬服，不敢作恶为非。现在陛下每天和臣下见面，他们都是老奸巨猾，一看陛下神气，一听陛下口风，就想出方法来欺骗。陛下要做什么，他们便会滔滔不绝地引了许多旧例来和陛下辩论。这样不敬君主的作风，是不应该容许的。陛下不如只在宫里，不必坐朝。让他们有事向宫内奏报，陛下和臣属们商议好了，批示出去。他们看见陛下这般精明，便不敢轻看了。"

二世这时候刚刚二十一岁，是一个没有阅历的人，正怕给臣下看破他不会管理政事，乐得在宫里享福。听了赵高这番花言巧语，自然再好不过。从此，二世便不出外接见臣下，只在宫里寻乐，一切政事都由赵高代他批行。

这时候许多公子一个牵连一个，一直杀死了十二个公子。还有公子将闾兄弟三人，关在宫内。这三个公子是比较老实的人，自己细想实在没有犯罪，也不知为什么被囚起来。

过了几天，二世派了使者到来，对将闾说："皇帝有旨，公子不敬皇上，应该死罪。"将闾说："我们兄弟三人对皇上并无不敬。请问是哪时犯了罪？指出了情愿受刑。"使者说："我是奉旨来的，别的不知道。"将闾没有办法，抱着两个弟弟，三个人哭作一堆，说："天啊！我们是没有罪的。"三个人咬着牙齿，都拔出剑来，自刎而死。

公子杀得差不多了，二世又想到始皇还有十个女儿。这些公主们，始皇生前都很宠爱。她们大半和公子们同母，感情很好，不见得她们就没有诽谤的话。便也发给赵高去审问。

这十个公主自小娇养深宫，一被捉拿到官，早已吓得半死。再看见了恶狠狠的差役问官，和冷森森的刑具枷锁，哪敢辩说半字？不消多问，就被判定了共同谋反的罪名，一齐处死，家产全部没收。

不多几时，始皇几十个儿女都已被杀得一干二净，只剩下一个公子高还不曾轮到。但是公子高心里明白,这不过是早晚问题,反正是要被杀的。最好的办法,是趁着没有罪名的时候,赶快逃走。可是他有妻有子,亲戚朋友一大堆,要是自己逃走,这一家老幼也是没有命的。想了又想,只有牺牲自己一条性命,或许还可以保存妻儿一家。便忍痛上奏,自请赐死,他说:"先帝在世时,臣受了莫大的恩宠。现在先帝崩了,臣应该跟着先帝去。请求把臣埋在骊山山下。"

二世正在盘算着怎样给公子高一个罪名,忽然接到他这般识趣的请求,不由心花大开,笑嘻嘻地递给赵高看,说:"你看,这可好了。"赵高看罢,说:"现在臣下只怕自己犯了死罪,哪有工夫去造反?"二世点头含笑,写上接受公子高的请求,另外赐了十万钱,作为埋葬费用。这算是许多兄弟姊妹里最受优待的人。

这样的大批屠杀,只杀得咸阳市上尸骸重叠,血水横流。谁也不敢相信自己不会被杀,一个个战战兢兢,好像和虎狼同住一般。

二世相信这是严刑峻法的成功,更加进一步来猛烈地处罚人民。他重新催促继续建筑始皇时代还没有完工的阿房宫,务求华美。又添加五万名护卫兵士,来保护咸阳。苑囿里加养许多珍禽异兽,件件都要比从前更好。可是咸阳人口一多,粮食就感到不足,又命令各地运送粮食薪木来到咸阳。运粮的人在咸阳周围三百里内,不许吃用当地的米谷,得自己带米带柴来造饭。

这边一队队骨瘦如柴的农民押着米粮刍草,由四面八方向咸阳集中输送,供给宫廷享用。那边也一队队衣衫褴褛的苦工搬着巨大的木头石块,由巴蜀一带运到关中,来供给建筑阿房宫。这两股阔大的洪流,滔滔不绝地像黄河和长江一般,日夜奔流不息。

二世却还要由人民里面,再抽取出一支更大更多的壮丁去镇守北方边疆。

火急的军符下来了,各郡各县都要尽量抽出所有的壮丁,限了日期,送到指定的地方去。要是过了限期，还没有到，这许多壮丁都要斩首。郡守和县令接到这般严厉命令，个个只怕因为奉行不力，犯了死罪，都不顾人民死活，强摊硬派。

那时居民分住在里间的左边和右边。右边的房子坐北朝南，冬温夏凉，全是生活比较优裕的人住的。左边的房子坐南朝北，冬冷夏热，是比较贫苦的人住的。在官吏们的眼里，贫穷的人好像生来就应该吃苦，便指定要征发住在闾左的壮丁去防守北方。

这几十万被强迫抽去的壮丁差不多都是有爷娘妻子的，说不尽那种生离死别的悲惨。尤其因为在暴虐统治下，去北方防守的人，穿不暖，吃不饱，永远没有回来的希望，去了简直就是送死。

连年的暴虐统治，使人民困苦万分，农民起义已有随时爆发的可能了。

这时候阳城（现在河南省登封县）和阳夏（现在河南省太康县）一带地方抽出了九百名壮丁，依照军符指示，该派去渔阳（现在河北省密云县）防守。他们由两个县尉押着，向北而行。一路上正是三伏大暑的天气，热得个个壮丁汗如雨下。这两个县尉只怕误了限期，一路吃吃喝喝，催促快走，哪怕是太阳晒焦了皮肤，也不许他们休息。

走到晌午时候，忽然天变了，几声霹雳，倾盆般倒下了一阵大雨，淋得人人遍身是水，没奈何只得找个躲雨的地方，暂且住下。这一住就是好几天，雨老是不停，两个县尉急得搓手顿足，唉声叹气，闷了只好拿酒来喝，喝醉了就打骂壮丁。这九百壮丁蜷缩在篷幕底下，对着不停的风雨，想起背井离乡的痛苦，一泡一泡泪水直往肚里咽。

过了几天，好容易天晴了，两个县尉急急催着起行。因为歇了几天，限期更急迫了，便更加着急地赶路。吩咐两个屯长一前一后地押着队，谁要走得慢点，便用老大的鞭子狠狠地抽打。

这两个屯长，一个名叫陈胜，又字涉，是阳城人；一个名叫吴广，又字叔，是阳夏人。他们因为身材强壮，被派做屯长，眼看这许多戍卒，一个个走得面红耳赤，气喘吁吁，实在不忍再下手鞭打。

走了许多天，老是时晴时雨。晴的时候，太阳烫得石头也发热；下雨的时候，又像瀑布一般，没法赶路。赶到七月，才走到大泽乡（现在安徽省宿县附近）地方。这地方是个很低湿的沼泽，因为连日下雨，积了许多水无法行走。偏偏天又不作美，又下起大雨来，这一队戍卒只好又住了下来，等待天晴再走。一连又下许多天雨，满地泥泞足足没过了脚踝，眼看着要误期了。大家心头上都沉甸甸地压了一块大石头。

陈胜本是穷苦的人，常常被有钱的人雇去当长工，下地种田。有一天，正是暑热时候，他和许多长工一起在田里工作。工作了好久，一个个额上迸出了黄豆般大的汗珠，实在疲乏得很。他便使劲地把手里农具一甩，独自跑到田边一棵大树底下坐着，一面休息，一面望着这大片碧绿的庄稼，心里想：这样辛辛苦苦地工作，只不过挣了一些工钱，实在太不值了。我年纪还轻，难道就这样一辈子替人当长工吗？他低头看看自己两条结实的胳膊，脑筋里渐渐幻想起来。他想：假使有一天，我能够干出一点事业，或是碰到一些想不到的事情，那就扬眉吐气，不再过这样奴才生活了。那时我一定帮助和我一起工作的同伴，让他们也都有好日子过。他越想越开心，不知不觉眉飞色舞地向着同伴郑重地说："我们将来要是富贵了，谁也不要忘记谁。"

他的许多长工同伴看见他独自在田边出神了半天，忽然冒冒失失地说了这样一句话，都忍不住哈哈大笑起来。大家都揶揄他，说："你疯了吗？你不过是一个长工，有什么富贵？有富贵也不会轮到我们身上。"说着又都笑个不停。

陈胜看见他们那么忠厚老实，也不好把心里的话告诉他们，只点点头叹了一口气，说："小麻雀哪里知道鸿鹄（大鸟）的志向啊！"

他这一番被派充当屯长，当然不是他愿意干的。正好另一个屯长吴广，是个宽厚仁爱的人，大家对他感情很好。他和陈胜，很快便成了知己的朋友。

大泽乡的风风雨雨，冲断了九百人北上的道路，也冲开了陈胜心里的秘密。他觉得这该是一个"想不到的事情"了，这么多的强健勇猛的群众，忍受着这么重大的压迫，压迫他们向着死亡路上走。谁不爱性命？谁愿意辛辛苦苦走到渔阳去受误了限期的死刑？在潇潇的雨声里，他和吴广窃窃私语地商量着。吴广也皱紧了眉头说："这简直没有办法。看光景几天还晴不了。限期又是那么紧，飞也来不及。我们都逃走吧，反正是一个死。"陈胜鼻子里"哼"了一声，说："你说得好。既然反正是一个死，逃走也是死，造反也是死，为什么我们不大大地干他一番呢？这两个蠢驴，一天只会喝得烂醉，还鞭打人……"吴广接口说："对了，我们干掉他。可是我们有把握吗？"他踌躇了。

陈胜看见同伴还缺乏勇气，知道他是老实人，太安分了，没有坚强的自信力，需要壮一壮他的胆子，便鼓励他说："你的主意是对的，我们大家起来干掉他。我们有把握。"说到这里，他用了坚定的眼光看着吴广，紧紧握了吴广的手，说："你想一想，这几十年来，大家受了多少苦，比从前没有统一的时候还要苦得多。谁不希望推翻这个朝廷？"

吴广松了一口气，点着头说："是的，不过我们不能不仔细考虑一下，想一个万全的方法。凭我们两个人会做出多大的事？"

陈胜诚恳地说："你不要太看轻自己了。皇帝不也是人做的？为什么我们就不能做王侯将相？当然你所说的也有相当道理，我们也应该慎重考虑。"说着又沉吟了一会，忽然脸上闪着光辉，说："有了，有了。我们不妨借了别人的名义，来号召大家。我心里倒有两个人，你想好不好？"说到这里，把声音放得更低些，继续地说："我听见人家说：现在这个二世皇帝是始皇的最小儿子，本来不该做皇帝的。应该做皇帝的是那个始皇最大的儿子，名叫公子扶苏。听说他是一个很好的人，常常劝谏始皇不要杀人，后来给派到外边去管兵。现在有人说已经给二世杀了，究竟有没有死，大家都不大明白。可是老百姓们是满欢喜他的。假使我们打了他的旗号，一定有许多人愿意站到我们这边来。还有一个人，也是人民喜欢的人。你知道，这大泽乡原是从前楚国地方。楚国有个名将叫项燕，顶会打仗，又爱兵，又爱百姓。大家都敬仰他。后来他打败了，楚国也灭亡了。他的下落至今不明，有的人说他死了，有的人说他是逃走了。我们……"吴广高兴地接着说："我们也打起他的旗号来，这就成了！"这时候他满脸喜色，刚才的忧郁阴影已经消散得无影无踪了。

他们都是农民出身，觉得要想做大事，还嫌自己的知识不够，应该多听听别人的意见，可是又没有个可以商量的人。正在踌躇的时候，吴广忽然记起那边不远的地方，有一个摆着卜卦摊子的老头，好像是个落魄的读书人，也许可以请教到一些办法。两个人商量着，便一同找到那个摊上去。

秦始皇烧书的时候，禁止谈论一切诗书，可是卜卦医药是不禁的。所以民间认得几个字的人除了行医就只好卜卦了。这位卜卦的人听得陈胜、吴广动问的话，不明不白，只说："要做一件大事，应该怎样做，才能成功？"由他们穿的衣服和态度，早已看出是这几天屯扎在这里的远来戍兵。戍兵还有什么大的事好做？这般藏头露尾、含含糊糊的口气，显然有着一件不可告人的大事，他肚里渐渐明白了。

自然，当时一般人对于秦的焚书坑儒、禁止诗书，是十分痛恨的，这个卜卦的人也不能例外。他巴不得这种残暴政权早早崩溃，便笑嘻嘻地说："好的，我替你卜一个卦吧！"

他胡乱搬弄了一回，便郑重说道："恭喜，恭喜，你们一定可以成功。但是你们卜的是什么事情呢？可以告诉我吗？"陈、吴两人互相交换了眼色，高兴而又秘密地嗫嚅着："你只告诉我们要怎样做才好。我们暂时还不能告诉你是什么事情。"

卜卦的老头子由他们闪烁的眼光中，更加断定这是一件重大的事情，便决定用巧妙的方法来帮助他们成功。他诚恳地说："成功是一定成功的，只要你们勇敢地做去。假使这事情不是你们俩可以做成的话，那就要倚靠老百姓了。你们最要疑的是取得老百姓的信心。但是，老百姓！唉！他们是相信鬼神的，你们还是需要鬼神帮助。"说着把炯炯的目光注定了陈胜，又慢慢地移到吴广脸上，闪了一闪，好像有许多话含蓄在里面。

听了这个有力的启示，他们恍然明白了。的确，在当时的传统观念下，一般老百姓认为帝王是神圣不可侵犯的。统治阶级便利用这迷信的毒素，来达到压迫人民的目的。现在要想反抗这种压迫，必须把目标扭转过来才行。他们领会了这种言外的意思，欢欢喜喜地谢了卜卦的老人，一同回去，按照了这暗示布置一切。

大泽乡原是紧靠一片低洼湖泊的荒僻地方，许多居民都靠打鱼为生。这几天大雨，泽里水涨，鱼虾更加成群结队，随波上下。这九百人便天天买鱼下饭。买来了，大家动手，刮鳞的刮鳞，挖鳃的挖鳃。吴广向来和气，也走来这边帮帮，那边看看。大家因为他向来不摆屯长的架子，和大家有说有笑，也都喜欢跟他在一起。吴广一面和大家说笑，一面瞅个空儿把一个指头大小的东西偷偷塞进大鱼嘴里，口里支吾了几句，便走开了。

兵士把许多鱼一尾一尾洗切，剖到这一尾大鱼的时候，忽然发现鱼肚子里多出了一件东西，奇怪得很。检出来一看，却原来是一卷白色的丝帛，上面鲜红的三个大字"陈胜王"。兵士不由大叫："怪事！怪事！这是什么东西？"大家听见了一拥而上，都抢着要看这件奇怪物件，七口八舌地纷纷议论起来。

自然大家都知道屯长里有一个是名叫陈胜的,难道这个陈胜就是"真命天子"吗?这在朴实农民的心湖里荡漾起了一阵波纹,登时一传十,十传百,到处都交头接耳地唧唧哝哝在谈论这件事。

俗语说得好,"疑心生暗鬼",大家既然都有了这种疑心,便觉得什么地方都很神秘似的。陈胜、吴广暗暗瞧出情形,高兴得很,便再安排下疑阵,来吸引大家注意。

等到夜深的时候,吴广悄悄走出帐幕,冒着风雨,一直走到附近一座破庙旁边。这庙坐落在泽边的树丛中,荒凉得很,向来少见人迹,只有狐狸、野兔在庙里出没,乱蓬蓬的野草都长到膝盖那么高。吴广用袖子笼着一盏小小灯笼,遮遮掩掩,只怕给人撞到。昏暗里寻路走到,恰要蹲下,想不到草里扑扑扑一连窜出几个黑东西,吓得吴广几乎失声叫了起来。仔细一看,原来是几个小动物东奔西窜,大约是狐兔鼯鼪(wú shēng)之类,看见人来,都跳走了。吴广这才松一口气,便捡个正对营帐的方向,把身子隐在树后,撮起嘴唇,做出尖锐的狐狸声音,叫了起来,叫了一会,依然悄悄地回到营里睡觉。

这一夜,有许多人半夜醒来的时候,听见潇潇风雨的声音里,夹着一阵尖锐的狐狸嗥(háo)叫声音。在夜静时候,听得很是清楚,再侧着耳朵细听,仿佛是"大楚兴,陈胜王"六个字,听来听去,越听越像。不知不觉大家都把这声音和白天的鱼肚子里的三个字联想起来,又惊又疑,脑子里都发生了种种幻想。个个唤醒他们的伙伴,一同细听。越听越睡不着,越睡不着就越听得清楚。有几个胆子大的索性披了衣,揭开营帐,冒着风雨走出来,东张西望,细听这声音是打哪儿来的。

在那边遥远的树丛里,正是那座破旧的古庙所在,突然透出了一团淡淡薄晕的黄光,闪烁得像夏天夜里的萤火虫一般,忽隐忽现,捉摸不定。在这样风雨的黑夜里,谁还会跑到庙里去,那一定是"神光"无疑了。大家正在指指点点瞎猜乱想的时候，那尖锐凄厉的狐叫声，又跟着一阵风直送了过来。这番听得明明白白，的的确确是"大楚兴，陈胜王"六个字，夹在秋风苦雨中，显得格外阴森森的，听得人毛发都直竖起来。大家不约而同地都打了几个寒噤，连忙回头就跑，钻进帐幕里面。只听得那狐狸声音还隐隐在叫着，断断续续地吹到耳边。这一夜大家都没有睡好。挨到天明，一个个又嘀嘀咕咕地谈论起来。这次不比前番，这是人人听见的，有凭有据，更加相信陈胜一定有做王的福分。只有两个县尉吃得烂醉，没有听见。

这时候，吴广早已回到营里。他暗暗留意各人的言语行动，听大家所说的话都把狐狸嗥叫当作真的，说得活灵活现，好像是上天派来报告消息似的，没有一个人怀疑这是假的。忽然看见陈胜走来，大家便都不响了。等到陈胜走过，大家又都暗暗伸出指头，指着陈胜后影，彼此互相递个眼色。吴广看在眼里，知道事情已经有八分光景了，只是急切还找不出动手的机会，便再和陈胜暗暗商量。

在这样凄风苦雨的夜里，那两个糊涂的县尉还在昏天黑地地喝酒，一面耍着酒疯，还斜着醉眼骂人。吴广、陈胜有意走到两县尉帐外，听他们骂些什么。只听得啪的一声，一个县尉拍着桌子骂着："该死的混账东西，许多天总推托着不肯走，限期就要到了，你们还不知道死活。"陈胜听到这里，暗暗推了吴广一下，吴广会意，便抢前一步，做出愁眉苦脸的模样，对几个兵士说："这样风雨，路也走不通，我实在挨不过。倒不如大家散伙，各人走各人的路。明天要是再不能出发，对不起，我就要先走了。"

那个县尉正在发怒，忽然听见吴广说出这样话来，更加火上添油，额角的青筋一条条暴起来，圆睁着两只满布血丝的眼睛，厉声吆喝："你说什么话？你，你，你想逃走？"

吴广退了一步，"唉"了一声说："有什么办法呢？限期这样严紧，不逃走眼见就都要砍头。我自然只好逃走了。"

这几句话激得两个县尉都大大动了火，霍地跳了起来，恶狠狠地像疯了一般，挥舞着拳头大声吆喝道："你是屯长，敢说这样混账话来摇惑军心。你要找死！"一面骂，一面喝叫兵士："快捉下这厮给我狠狠地痛打一顿！"兵士向来都欢喜吴广，拖延着不肯动手，禁不起这两个县尉一迭声地吆喝，没奈何勉强走拢来，慢腾腾地把吴广放翻在地。两个县尉看见兵士这般情形，更加暴怒起来，四只眼睛都爆出了吃人般的火焰，一边跳，一边骂。一个县尉便直抢上前，踢开了兵士，一手夺过兵士手里的皮鞭，没头没脑地望吴广身上乱抽。大众看见吴广被他这般野蛮地狠打，心里都十分愤怒，一个个暗暗咬着牙齿。

那个县尉本来已经吃得半醉，再动手鞭打，酒更涌上来，摇摇晃晃，有些立脚不定。腰间挂的宝剑被他晃荡几下，脱出了剑鞘足有二寸光景。吴广眼快，就地上一个鹞子翻身，滚了起来，趁势一拔，把这剑抽离了鞘，顺手一挥，早把这个醉尉分成两段。说时迟，那时快，那边陈胜一个箭步，早跳到另一个县尉的面前，亮出早已准备好的腰刀，一刀砍去，登时了账。大众出于不意，一时都吓得目瞪口呆，不知如何是好。

陈胜、吴广二人更不耽延，一手握着武器，大声说道："诸位不必害怕，我们决不会带累你们。快请全队弟兄都来，我们有要紧话要说。"那种雄赳赳的气概和充满自信力的坚决眼光，吸住了大家的注意。渐渐九百人都围拢上来，带着惊惶的脸色，聚在一起。

陈胜迅速跳上县尉刚才摆酒的几案，放开喉咙大声地喊叫："诸位弟兄们听着：我们一路上碰着大雨，算起来已经过了限期，到了渔阳都要照依军法砍头的。我们再往前走，岂不是白白送死？我们弟兄一个个都是铜筋铁骨的好汉子，难道就这样等死不成？我们既然反正是死，为什么不轰轰烈烈地干一番大事业？让我们就来大干一番，来打出自己的天下吧！王侯将相，难道只许几个人做，就轮不到我们吗？"

这几句话一字字都打进了九百人的心坎。他们早就担心赶不上到渔阳的限期，只因为被这两个县尉押着，勉强向着死的路上走。哪一个是愿意去的？现在这两人已被除去，这真是天大的喜事。又指出一条海阔天空的大路，还有不乐意的吗？又何况站在案子上朗朗发话的，正是他们相信那个要做"王"的陈胜呢！

陈胜的话刚刚说完，人丛里几个陈胜的朋友葛婴、武臣等人首先拍掌叫好。大众也就跟着拍起掌来，一时拍掌和叫好的声音，好像轰雷一般。每个人的脸上都洋溢着一团喜气，浑身轻快了许多，有说不尽的高兴。

陈胜、吴广看见大众全体赞成，并没有半句话，也堆起满脸笑容，眼睛里闪耀着胜利的光辉。吴广便扯开喉咙，大声宣布说："诸位既然都同意了，我们必得有一位领导的人。我提议：请陈胜主持一切军事。我们今天就筑起一座将坛来，公举陈胜做我们自己的将军。"说罢把眼睛向四面一扫，征求大家的意见。

大家齐声叫"好"，像狂涛怒浪似的淹没了一切的声音。这是真正人民的呼声。它代表了朴素的人民的真正要求。第一次由他们选择了自己的农民领袖，打断了束缚他们的锁链，自己行动起来。它的光芒永远照耀着整个中国历史。

陈胜、吴广一点儿也不迟延，立刻草草设了一座将坛，斩了一枝竹竿，飘扬出堂堂正正的起义大旗。把两个县尉的脑袋来祭旗。

祭罢了旗，陈胜面向大众，炯炯的眼睛发射出强烈的光芒，郑重地向大众宣布："从今天起，我受大家的委托，暂时当个将军。请吴广做个都尉，帮我料理军务。大家都要齐心合力打倒暴秦。这大泽乡本来是楚国的地方，我们既然和暴虐无道的秦断绝关系，便应该建起'大楚'旗号来，反抗暴秦。我们人数虽然不算多，但是各地方回应我们的人，一定不少。我们要号召全国人民，只要是反对暴秦的人，我们都欢迎他在我们的旗帜下集合起来。现在公子扶苏和楚国名将项燕都已经和我们合作，我们一定会得胜的。弟兄们，努力吧！现在我们就立刻进攻大泽乡，准备占领它。凡是我们队伍，都脱下右边袖子，露出胳膊做记号。这样，打起仗来，便不会打错了自己人。我们没有兵器，不要紧。锄头，镰刀，全行。砍下竹竿，削尖了，也可以当枪用。我们替人民除害，人民不会和我们打仗的。"

立刻一支破天荒的农民队伍成立了，掮着起义的大旗，高举竹竿、锄头的农民武装，浩浩荡荡向大泽乡进行。农民是不打农民的，几句话说明了，登时欢呼的声音充满了整个大泽乡。许多农民都纷纷掮了锄头加入了自己的队伍。农民军队又壮大了许多。

这样，陆续进攻附近地方，又派了葛婴带一部分农民军队向东推进。一路上欢呼的声浪代替了刀枪的交战，真是兵不血刃，占领了一城又一城。

到了陈（现在河南省淮阳县）的地方，这一支队伍已经拥有几万名勇敢的农民，还有一千多名骑兵和六七百辆车子，陈胜在车上左顾右盼，观看自己浩大的队伍，脸上时时流露着得意的微笑。

革命的火炬燃得更光亮了。武装的农民，四面八方起来回应。各式各样受暴秦压迫的人，纷纷投奔到起义军中来。

陈，是一个比较大一点的城市，陈胜便住下休整军队，一面召集当地居民们来议事。大家都说："将军起义，功劳最大，应该做楚王。"你一言，我一语，把陈胜的心说得摇动起来。他记起从前做长工的时候，就藏了将来富贵的思想。起义时候，也相信王侯将相都是人人可以做的。自然，现在赤手空拳打下了许多地方，实在也很有做王的资格。因此，心里很想答应下来，但是一时还不便开口。

正当这个时候，有人报告："外面来了两个人，自称是张耳、陈馀，特地前来求见将军。"陈胜早听过张耳、陈馀是魏国有名的人，秦始皇曾经悬过重赏，却没有捉到这两个人，现在前来投奔，自然十分高兴，忙叫开门接见。

原来张耳年轻时候，曾经做过魏国信陵君的门客，后来因为犯了事，逃到外黄（现在河南省杞县东）地方。外黄有一个富家女儿，容貌十分美丽，偏偏被父母错配给一个愚蠢的丈夫。这个女子心里不愿，逃到父亲的朋友家中，诉说苦情，宁死也不肯回去。这个朋友看见女子聪明美貌，也替她不平，说："你如果有决心，要选择一个优秀的青年作为终身伴侣，那么我所看见的人，只有张耳最好。虽然他是单身客人，毫无财产，可是实在是个人才。"这女子也听见过张耳的名，情愿改嫁。这个朋友便出面对她的父亲和丈夫两面劝解，女子便与前夫离婚，任凭其另嫁张耳。

张耳得了美貌妻子，又有丰富的嫁妆，便用金钱去交朋结友，名望越来越大。后来结交了比他年轻得多的陈馀，爱他好像自己亲兄弟一般，十分亲热。当时人称他们俩为"刎颈之交"。

魏国被秦灭了，秦始皇悬赏：捉获张耳的赏给千金，捉获陈馀的赏给五百金。两人便改姓更名逃往陈县，充当里中的监门。接到赏格，照例传达里中。谁也不知道这传令捉拿张耳、陈馀的人，便是张耳、陈馀本人。

有一天，陈馀偶然为了一点小事被里中的小吏捉住责打。陈馀心里不服，想要挣扎起来。张耳却暗暗用脚踩了陈馀一下，陈馀心里明白，勉强忍住。等到里吏去了，张耳把陈馀唤到没有人的桑树底下，悄声责备他说："我当初对你说的什么话？不是要忍耐着等待出头的机会吗？你怎么就忘了？为了这一点儿耻辱，和一个小吏拼命，值也不值？"从此陈馀更加小心隐避，竟没有人知道他俩的来历。

何以秦汉

现在看见陈胜起兵,这正是他们所等待的机会到了,便都来求见。当时陈胜自然十分高兴,正是:

　　踏破铁鞋无觅处,得来全不费工夫。

第四回
兴张楚陈胜称王
入潼关周文耀武

第四回 兴张楚陈胜称王　入潼关周文耀武

当时陈胜接见张耳、陈馀，约略说了些起义经过，又将大家要推自己做楚王的话说了。满想张耳、陈馀一定顺水推船，极口赞成。却不料张耳、陈馀听了上半段起义的话，倒还恭维了几句，到了陈胜要被推做楚王的要紧关头，却一言不发，只互相看了一下，好像有许多意见似的。陈胜看了满心诧异，正想不出道理，却见两人欠一欠身子，慢慢地说："将军这番冒了极大的危险，奋勇起义，完全为了替人民除害，消灭残暴的秦。人民都奔走回应，为的是相信将军能够替自己解除痛苦。现在则刚到了陈——一个小小地方，如果便匆促地做起王来，这不是给人民看得将军是个自私的人吗？希望将军不要一下子便称王，还是赶快带兵去打秦，乘着胜利，打进函谷关去；一面访寻六国的后代，立他做王，让他们收集六国以前残余势力，来做我们帮手，使得秦措手不及，无法应付，这才是万全之计。那时就可以不费多大兵力，推倒秦朝，占了咸阳。将军立下大功，哪一国诸侯敢不服从？他们全是已经灭亡的国家，靠了将军才能恢复，还有不感激将军的吗？那时别说一个王，做个皇帝也成。这样才是帝王的事业。"

陈胜听了很不高兴。他因为这一个月来，军事进展得十分顺利，眼见四面八方回应起义的人民，如雨后春笋一般，遍地都是，并且一天多似一天。他满心要建立一个统一的政府，结合各地人民，一同打倒秦朝。现在张耳、陈馀却劝他立六国后代为王，这不是把势力分散了吗？他犹豫了一会，便搪塞了几句话，把张耳、陈馀送出去，却另和别人商议。这时候人人都怨恨秦的专制残暴，巴不得有个和秦对立的力量，大家都劝陈胜称王，说："现在各地方军队的领袖大半也是称作将军，名称既然同样，没有上下高低，怎么好指挥他们呢？将军是第一个起义的人，占领了许多地方，有了壮大的军队，应该做王。做了王，便好号召各地义军，都来归向我们旗帜底下，一心一意，共同打倒暴秦。这是为了军事上统一指挥的便利。"

陈胜被大家七口八舌地撺掇，也觉得很有道理。他要指挥这么多的军队，也应该有个名义，便接受了大家的意见。

到了选定的日子，陈胜穿起楚王服饰，坐上宝座，受了许多臣下的拜贺。称为张楚，表示要把楚国扩充张大起来，来代替秦的地位。有了政府，便要分派官职。陈胜出身农民，他的朋友也多半是农民，对于朝廷制度是不熟悉的，这样，旧官僚们就混进了政府，蔡赐做了上柱国。上柱国是楚国的官名，地位相当于秦的丞相。朱房做了中正，胡武做了司过。这两个人管理纠察臣下的过失。还有孔鲋（fù）是孔子的后代，做了博士。此外还有许多，不必细表。

陈胜称王后，他的全部力量都用在向外发展上面。陈胜最亲密的朋友就是吴广，他决定和吴广分掌内外事务。由吴广用假王的名义，监督全部大军向西进攻，所有各军将领都受吴广节制。这一路是主力。陈胜自己坐镇在陈，招揽联络各地义军，调派接应，统筹全盘的计划。分配好了，吴广便率领了第一路大军，望西出发，进攻荥阳（现在河南省郑州市北面）。一路上势如破竹，受着人民的欢迎。队伍陆续增加。不多几日，便到达荥阳。这荥阳西面是伊水、洛水和黄河三条大川会合的地方；东面分布着好多条运河，总称鸿沟，所以荥阳地势十分重要，当时水陆交通全得经过此地。秦特地在此置了一个三川郡，驻屯重兵，由丞相李斯的儿子李由把守。

吴广到了荥阳境内，李由连忙亲身上城守御，一面上奏告急。吴广一时急切不能冲进城池，便指挥田臧、李归诸将，轮流攻打，不在话下。

陈胜接到前方战报，生怕秦出兵来救荥阳，想要调兵接应，又苦于没有军队。忽然想起陈地有个周文，曾经在名将项燕军中做过"视日"的官。虽然不过是选择时日的小职，可是总看见过项燕用兵行阵的方法，正好向他请教计策。便命人请了周文来商议。

不多时，周文到来。陈胜望见他容貌轩昂，举止稳健，心中早有几分欢喜。见礼已毕，便动问进攻荥阳的计策。周文说："进攻荥阳的军队，不算不多，又有假王指挥，不必再添兵了。现在应该另派一支大军，绕过荥阳，直取秦都咸阳。这时候，秦兵正在荥阳和假王拼命，关内一定空虚。这支奇兵出其不意，不但可以堵住秦兵援救荥阳的路，还可以一鼓歼灭暴秦。关中人民受暴虐最厉害，哪有不起来回应的？咸阳一紧急，荥阳的兵也就不战自退了。"陈胜听了，把手在膝盖上重重一拍，说："果然先生韬略出众，这计妙极。只是现在前线各军都受假王指挥，正在向荥阳猛攻，不便另调。后方又没有足够的军队，如何是好？"周文微微含笑，说："大王过虑了。秦这般无道，哪个人民不怨恨？由陈到咸阳这一段长途，不知有多多少少人民等着我们。只消打起一面张楚的大旗，还怕他们不纷纷投奔到我们旗下不成？这就是用不完的军队。"陈胜听了满心高兴，说："先生的话真是句句金玉，不愧是个深知兵法的人。现在寡人身边许多文武，都没有像先生这般足智多谋。看来进攻咸阳的重任，只有请先生担任了。"便吩咐左右取出将军的印绶，陈胜亲手交给周文，说："暂屈先生做一个将军，即日动身，进攻咸阳。一路上收编义军，攻取城池，都由先生便宜行事。将来打进咸阳，推倒秦朝之后，一定另有重赏。"周文并不推辞，双手接过印绶，诺诺连声地去了。

张耳、陈馀看见周文得了重任，十分眼热。他们本来希望陈胜重建六国，他们借着虚名也好取得崇高的地位，想不到不曾成功，陈胜自己做了楚王，抓着兵权的都是和陈胜一同起义的农民们，他们没有办法插足。现在看见周文得到陈胜赏识，独当一面去打咸阳，他们就想趁势得个进身之路。便由陈馀去见陈胜，献殷勤地说道："大王派了军队进攻秦，也派将士去东南各地收揽义军。只是北方一带还没有派人。臣从前在赵国（现在河北省南部、山西省东部一带）住过几时，和赵国的豪杰都很熟，也懂得那一带的地势。请大王付臣一支奇兵，渡过黄河，招安赵地，使那里义军都来归附大王。"陈胜听了，想河北一带的招抚也是刻不容缓的工作，自己所有的部下，大都不熟悉北方情形，难得陈馀、张耳都是熟悉北方的人，很可以派去。不过他们究竟是新来投附的人，不能十分信托。便派了农民出身的武臣做将军，邵骚做护军，带领三千兵士前往河北，招抚赵地。却把张耳、陈馀派做左右校尉，和武臣、邵骚一同起兵。张耳、陈馀虽然达不到把持实力的奢望，却喜武臣、邵骚都是朴实的农民出身，很可以相机行事，便欣然跟着军队出发。

陈胜接连派了吴广、周文、武臣三路大军去后，还怕不够，又派了宋留带兵，向西南方前进，由南阳（现在河南省南阳县）进攻武关（现在陕西省商县东），这是秦的南关，和周文进攻的潼关一样重要。这四支军队，除了吴广一支兵力最强以外，其余三支，周文是中路，武臣是北路，宋留是南路，都是沿路收集义军，并力向西，准备到关内会师。

这边军队陆续出发，各地起义的喜报也不断地像雪片飞来。陈胜又陆续调派军队去四方接应联络：第一路将军邓宗，由九江郡（现在安徽省寿县）招抚淮水南边一带义军。第二路将军周市（fú），招抚从前魏国的地方（现在河南省开封市一带）。第三路将军召平，由广陵郡（现在江苏省扬州市）招抚东方一带义军。第四路武平君畔，去东海郡（现在山东省一带）招抚各路义军。这四路将领也都陆续出发。这时候各方面义军如同众星捧月一般，处处都扯开了张楚的大旗。各郡各县的人民都争先杀了秦的官吏，起兵回应。

这时候，那个醉生梦死的秦二世皇帝依然在阿房宫里花天酒地地享乐。他自从杀了许多兄弟和大臣贵族以后，觉得天下已经稳如泰山，再也没有人来夺他的皇帝宝座。每天除了任意取乐以外，就是想怎样能够把宫殿造得更华美，财宝积得更丰富，美女打扮得更娇媚。

一天，他忽然想到咸阳的城墙应当装饰得更壮丽，才配做首都。最好用彩色的漆把它漆上一层，不但美观，而且还好画上各种花纹，夸炫他自己。想定了，便和左右说知。自然还有哪一个人敢说二世的话不对？大家都极口赞成，说："陛下真是圣明盖世。这样，城墙不但美丽，也坚固得多。"二世听了，十分开心，正要下诏去漆，忽然旁边转上一个优人名旃（zhān）的，笑嘻嘻地说："这真是太好了。陛下即使没有想到，臣也正要奏请把城漆一漆。漆城虽然对老百姓是麻烦一点，耗费一点，但是实在是顶顶好的计划。城漆了以后，又光又滑。敌人来了，爬也爬不上去。这岂不是最好的防御工程吗？漆起来也很容易。就算费一点工，倒也没有什么。只是找不到阴干漆汁的大屋子。"说罢又呵呵大笑起来。二世给他一说，也笑了起来。原来漆汁最不容易干燥，必须放在不见日的地方，才能阴干。城墙这样高大，怎么能够不受到日晒和雨淋呢？优旃借了戏笑，把这件事情难办的地方指出，二世便也只好把漆城的事情取消了。

不多几时，有一个使者由东方回到咸阳，报告说："现在楚地方有个戍卒，名叫陈胜，杀了县尉，聚集戍卒造反，把陈县占了。"二世听说，大大生气，说这个使者造作谣言，立刻把他下在牢狱里。

但是二世心里究竟也有一点不安，便召集博士和儒生们来问："听说楚地方的戍卒胆敢占了陈县，你们以为这是怎么一回事？"博士、儒生们都不知道二世是什么意思，便都依照平日二世欢喜谄媚的习惯，恭敬地回答说："做臣下的人，是不能妄自行动的。没有旨意便公然行动，这就是造反，罪该万死。请陛下赶快下旨，派兵去剿灭他。"这几句话还没有说完，二世脸上立刻变了颜色，眼睛也恶狠狠地闪着红光。这三十多个说话的博士、儒生都吓得浑身发抖，却又想不出是哪一句话说错了。正在战战兢兢下不了台的时候，恰巧有个名叫叔孙通的儒生，脑筋灵活，一看二世神气，晓得大家已经闯下大祸，连忙由下边越过班次，走到二世面前，躬身启奏："这几个博士和儒生说的话都完全不对，太没有分晓了。现在天下已经成了一家，各地方的城池都铲平了，兵器都销毁了。这已经让人民明白永远不再用这些东西。上面的皇帝是这样圣明，下面的法令又是这样完美，官吏人人都奉公守法，四方人民都安居乐业，真是从古没有的太平世界，哪里会有人敢造反？这不过一两个偷儿蟊贼，是不值得提起的微末事情，那算得什么！现在郡守郡尉就要把他们捉获论罪，用不到圣明的皇帝去操这样的心。"二世听了，方才回嗔作喜，满脸笑容，说："你的话很是很是。"又回头问博士、儒生们："你们说，究竟是什么？"有的人看风转舵，赶快说是蟊贼。有的人不识时务，还说是造反。二世便命御史，把所有说是造反的儒生、博士都捉下牢狱去问罪，因为他说了不应该说的话。还有说是蟊贼的儒生、博士也都罢职回家。只有叔孙通一人，说话中听，赏赐帛二十四，衣服一套，拜为博士之职。

叔孙通谢恩领赏，回到家中，碰着一班被罢免回家的儒生。大家一拥上前，七口八舌讥笑说："看不出先生会这般花言巧语，说出这样谄媚阿谀的话，真亏你想得到。"叔孙通拭一拭额上的汗珠，说："你们不知道，我也危险极了，差一点就逃不出虎口。这也不过是随机应变的言语，还是赶快逃走吧！"说罢，便收拾行装，逃出咸阳去了。

二世既然把使者和许多博士、儒生都下了牢狱，后来再有使者也都不敢再提陈胜的事。偶然二世问到，大家都依照叔孙通的言语，就不过是几个蟊贼，老早已经捕捉干净，什么事也没有了。二世更加放心。

却说陈胜派出各路大军以后，陆续接到许多捷报。周文一路收集了几十万义军，果然毫无阻碍，穿城过县，十分顺利。武臣渡过黄河，也陆续占领了许多城池。其他各方义军，纷纷前来归附。一连串的胜利消息使得陈胜渐渐自满起来，起义时候的重要心腹大半都已派了出去，身边剩下的只是从前做过官吏的蔡赐、朱房、胡武这一班人。权力就渐渐落在他们手上了。

这时候，葛婴回来了。当他招抚楚地的时候，因为急于要安定地方，便立了楚国旧贵族襄疆做楚王。过了几天，才知道陈胜已经做了楚王，葛婴明白自己做错了事，连忙杀了襄疆，回来报告。朱房、胡武抓住葛婴这一个错误，怂恿陈胜，把葛婴杀了。

葛婴是起义有功的人，一旦被杀，许多旧日将士都觉得心里不安。朱房、胡武生怕他们得势，索性一不做二不休，对于派出招抚回来的将士，都百般挑剔，任意陷害，也不经过正式审讯，就由他两人胡乱判决，使得许多有功将士都受到无理的冤屈，有的下狱，有的被杀。渐渐使陈胜和他手下将士的中间，起了很深的隔阂。

从前和陈胜一伙耕种田地的农民，听说楚地起义的领袖就是陈胜，大家都又惊又喜，说："想不到他果然做起楚王来，这真是我们农民出头的日子。"一个伙伴说："他不是说过'谁也不要忘了谁'吗？他大约总不会忘了我们吧？我们去看看他去。"大家都说："好的。我们也要看看现在做了楚王的陈涉，和从前的陈涉是不是一样。"大家一起哄，就聚集了几十个和陈胜相熟的农民，一同到陈县来找陈胜。

现在陈胜真个和从前不一样了，住的是既高大又华美的王宫，宫门外还有许多卫兵把守着，那一派气象好不威严！农民们找到了王宫，便想进去。卫兵们看见这些人衣衫褴褛，立刻喝住。

农民们七口八舌地抢着说："我们都是涉的老朋友，特地赶来看他的。你们不要拦阻。"一面说，一面就往里面直闯。卫兵拦阻不住，便动起手来，把农民们捆住。农民们急得大嚷说："我们和陈涉有多年的交情，今天特地跑来看他。你们怎么这样不讲理，不让我们进去，还要捆我们！这是怎么说的？"一面嚷，一面叫，卫兵听他们口气，知道他们都是由农村来的，也许真的和陈胜有些交情，便把他们都放了，却不让他们进宫。

农民们没有法子闯进宫门，只得在街上等着，大家都恨恨地说："怎么一做了王，就这样神气。好吧，我们在街上等着他。他总不能不出来。看他还能记得我们吗？"

等了几天，果然陈胜出门经过大街。农民们看见许多挂剑提刀的卫兵，整整齐齐地一排一排行进着，中间簇拥着一辆华贵的车辆，车上坐着一位穿着王袍、戴着冕旒（liú）的人。远远望去，可不是从前的陈涉吗？只不过面貌丰腴威严了许多，模样还是一样。大家认明白了，就一拥上前，纷纷喊叫起来："涉！涉！你还记得我们吗？"陈胜听见有人叫他的小名，声音很熟，停了车，唤来一问，果然都是当年同伴，便吩咐带他们回宫。

农民们高高兴兴地跟了陈胜走进宫门，再也不怕卫兵拦阻了。这个王宫真大啊！楼台殿阁，多得数不清，都漆画得非常鲜明。里面摆设的帐幕家具更是灿烂夺目，他们从来也没有见过。大家又惊又喜，东张西望。这里摸摸，那里瞧瞧，好像做梦一般。一面仔仔细细地看，一面不绝声地夸赞说："真多啊！这么多的房子，这么好的东西！涉做了王有这么多的好东西！"说了又说，一阵阵欢笑的声音，充分流露了他们天真的快乐。陈胜吩咐左右："快拿酒食来，款待客人。"霎时端上许多丰盛菜肴，农民们便围坐在宫里，大吃大喝起水。一面吃喝，一面谈说起从前的事情，嘻嘻哈哈地一直吃到烂醉，方才停止。

第四回 | 兴张楚陈胜称王 入潼关周文耀武

从此他们便常常来宫里游玩，也常常住在宫里。还有许多从前认得陈胜的农民也陆续来看陈胜。他们都是朴实的乡下农民，酒喝醉了，便指手画脚大声地谈起天来。尤其几个和陈胜一起工作的长工，说到陈胜那回"谁也不要忘了谁"的话，总是眉飞色舞地当作一件光荣的美谈，说得津津有味。

自然，日子长久了，他们也不免谈论一些外面的情形。这就大大触犯了朱房、胡武的忌讳。他们只怕农民们把他们的罪恶暴露给陈胜知道，就想法去谗谮（zèn）农民。他俩造了许多谎话说："这些农民全是没有知识的乡下人，专喜欢谈论大王从前的事情。把大王说得太难听了。传扬出去，人民要看轻大王的。"又东编西造，用许多丑恶的言语来形容陈胜，却说这都是农民们说的。

陈胜听了，也不由面红耳赤起来。他觉得这些农民翻他的老账，使他面上无光，便生气起来，说："谁造这样谣言来胡说，把他砍了。"朱房、胡武得了陈胜这句生气头上的话，便一刻不停，急忙把那个最敢说话的农民捉去杀了。

农民们怎么也想不到陈胜对待老朋友会这般残忍，吓得统统跑掉，谁也不敢再来看陈胜了。

忽然，探子报到消息，武臣平定了许多地方，已经自立做赵王了。陈胜听了大大生气，说："我叫他收复赵国地方，好进攻秦。他竟然不得我的命令，自立做王，岂不是反了！"便把武臣、邵骚、张耳、陈馀四家老幼都擒捉来，打算都杀了。上柱国蔡赐忙上前劝陈胜说："这虽然是他们的不是，但现在秦还没有灭亡，要是把他们父母妻子都杀了，他们一定怨恨，和我们做起对来，岂不是又添一个敌国？不如客客气气地叫他们赶快去打秦，还好帮我们的忙。等将来再说。"陈胜想了一想，也很有理，只得忍住怒气，把四家家小都留在宫里，做个抵押，一面派人去贺喜，并且催武臣进攻关中，接应周文。

原来武臣自从渡过黄河，占了许多地方。因为他是农村生长，痛恨残暴官吏，把秦的官吏都杀了。各郡县官吏听了害怕，没有人敢前来投降。看看到了范阳（现在河北省定兴县南）地方，忽然有一个范阳人蒯（kuǎi）彻前来求见。武臣请他进来。蒯彻说："足下这番渡河，招安各地。如果必须用兵去攻打，才能占领城池，不是太麻烦吗？现在我有一条妙计，可以不费一兵，不折一矢，一下子就平定千里地方，好不好呢？"武臣高兴地说："好极了，你有什么妙计呢？"蒯彻说："范阳县令姓徐，是个贪恋富贵又怕死的人。他想投降，又怕你杀他。你如果认为只要是秦的官吏，就一味诛杀，那么所有的地方都不敢降了。你若是给他高官重赏，叫他坐了华贵的车马，各城官吏一定都学他的样子，争先投降，不消几天，就可以平定千里。"武臣听了，满心欢喜，果然就派蒯彻拿了侯印和黄金去招降徐令。徐令坐了高车驷马替武臣当先开路，果然一下子就招降了三十多座城池。

武臣得了许多地方，张耳、陈馀便劝武臣不要回去，说："陈王现在听信谗言，杀了许多将士。我们回去，恐怕也不免惹祸，那时后悔无及。这河北地方这么大，没有王是不行的。陈王自己也不是楚国子孙，都做了楚王。我们为什么不可以立王？"两人竭力撺掇，劝武臣做赵王。武臣本来和陈胜一同起事，看见陈胜做了王，不免也有几分眼热，给他们一劝，也就答应，便自立做赵王。封邵骚做左丞相，张耳做右丞相，陈馀做大将军。一面派人去报告陈胜。

张耳、陈馀把武臣撮上赵王宝座，自己一文一武抓住实权，好不高兴。过了几时，陈胜使者来了，向武臣道贺，催他出兵去打秦，接应周文。张耳、陈馀却又阻止武臣出兵，说："大王别上当。陈王不是愿意让大王做赵王的。这不过暂时敷衍我们，等到秦灭了，就要进攻我们的。我们千万不要去打秦，只派兵去招安北方和南方，多占地方。那时即使秦亡了，楚也不敢来打我们。"武臣听了，果然不派兵去打秦，却派了韩广去招抚北方从前燕国的地方（现在河北省北部），又派了李良去招抚常山（现在河北省元氏县一带），张黡（yǎn）去招抚上党（现在山西省东南部），打算把这些地方都收进自己势力的范围。

这时候，周文已经收集了几十万起义军队，绕过了荥阳，直攻潼关，声势十分浩大。潼关的守兵望风投降。周文进了潼关，一直向西推进，到了戏（咸阳附近）的地方。这样重大的事情，再也瞒不得了，秦的官吏没奈何，只得奏上二世得知。

二世这才着急起来。他万想不到那"一两个偷儿蟊贼"，竟会变成几十万壮大的队伍，而且公然打到了咸阳附近，便召集臣下们商量抵敌。

秦的名将要算蒙氏一家，但是已经被二世杀了。剩下的稍为能干的臣下，这两年内也都屠杀得差不多。现在农民军已经打到咸阳附近，便是老练的李斯、奸猾的赵高，也只有干瞪着一双白眼，什么方法也想不出。

只有少府（秦官名）章邯是一个比较懂得军事的人。他看见满朝文武都说不出方法，便上前启奏："现在敌人已经到了离开首都不远的地方。去召集各地军队，来不及了。只有在骊山做工的刑徒七十多万，可以免除他们的苦役，暂当兵士。"二世没奈何，只得准奏，就派章邯做将军，把武库里的精良兵器拿出来装备。

这七十多万工人吃尽了千辛万苦，做梦也想不到二世会赦免了他们的苦役，改充军队。现在配备了武装，饱餐一顿，也就精神抖擞起来。章邯编练了队伍，便立刻出发，迎到戏下。

周文的军队虽然也有几十万，却都是陆续收编的，参差不齐，没有统一的编制，也没有精锐的武器。军士们只是为了愤恨暴秦的统治而来从军的。南路的宋留还没有打通武关，北路的武臣又被张耳、陈馀怂恿做了赵王，不肯出兵，后面的吴广也没有打下荥阳。这一支队伍就成了孤军。意外地碰到章邯的军装完备的军队，招架不住，只好退下。

章邯抓住机会，拼命追赶。农民队伍溃退下来，周文弹压不住，一直退出潼关，全军溃散了一大半。章邯乘胜，一直追到关外。

这边周文正和章邯拼命抗拒，后方却演出许多争权夺利的事情。

原来韩广收集了燕地的起义军队，燕国没落的贵族们便拥戴韩广做了燕王。武臣知道了，只得和张耳、陈馀到赵、燕边界查勘地界。武臣偶然独自出外，无意中撞着燕兵，被他们捉去。燕将认得是赵王，便扣留起来，要赵国割地来赎。

张耳、陈馀发现武臣被扣，大吃一惊，连忙派人去燕军那里请求将武臣放回。燕将说："要我放回赵王，必须割出赵国一半土地来赎。"使者回报。张耳、陈馀无可奈何，便派人答应割给边地几个城池，请求放回武臣。谁知燕将不但不肯，反把使者杀了，声称没有一半赵国，决不放回。张、陈两人陆续又派了十几个使者，磋商赎回武臣的条件，双方越说越僵。结果所有派来的使者，都被燕将杀了。

这时候，赵国军队里有个在厨下烧火砍柴的伙夫（那时叫作厮养卒），忽然把衣服换齐整了，向伙伴说："我要到燕营去劝说，和赵王一起回来。"伙伴听了，都大笑起来，说："你活得不耐烦了吧！去的人十几个，都被杀了，你怎么能够把王救回来？这不是自己找死吗？"这个伙夫也不答话，一直出营望燕军走来。燕将听说赵军又有人来，暗想这许多天没有人来了，大约他们没有办法，只得割一半赵国来赎，便欣然叫他进来相见。

伙夫见了燕将，便向燕将说："你知道我要什么？"燕将笑了起来，说："你不过想要得到赵王罢了。这种话不用提，割一半赵国来再说。"伙夫又问："你知道张耳、陈馀是什么样的人？"燕将说："他们倒是满能干的人。不过现在他们怕也没有什么办法了吧？"伙夫说："那么你猜他们要什么？"燕将："那更不必讲。他们无非想讨回赵王。我这里却没有这样便宜的事。"

伙夫呵呵大笑起来，说："你错了，你完全不知道他们的心事。他们不但不希望你放回赵王，并且希望你快快把赵王杀死，才趁了他们的心。"燕将听了大为诧异地说："这是什么道理？"伙夫笑着说："你完全受他们骗了。他们和武臣三个人赤手空拳招抚了许多地方，也希望各个称孤道寡，做个国王。只是地方刚定，势力还没有巩固，先让年龄大的武臣做了赵王，一面再招抚燕地和其他地方，好分开地界，各自为王。你想：做一个国王和做一个臣下，这差多么远！他们还有不羡慕的吗？无奈时机没到；倘要把赵国分成三份，地方又太小。他们正在没有办法的时候，你却帮着他们把赵王扣留了。他们表面上假装着要讨回赵王，心里只希望你快把赵王杀了，他们就好平分赵国，一人一半，做起王来，借口你杀了赵王，来攻打燕国。那时把燕灭了，一人一个国，岂不更好？你想：一个赵国已经瞧不起燕国，何况换了两个能干的国王，来声讨你们杀他赵王的罪状？燕国地方还没有安定，哪里抵抗得过？你以为他们真肯割地来赎赵王？一寸也别想。这都是骗人的话，遮遮外人耳目罢了。"燕将听了，心里踌躇起来。他晓得燕地新定，赵军真个来打，未必抵挡得住。伙夫又笑着说："据我所见，你还不如把赵王放出，要他承认以后不和燕国争战，永远和好，再让他送你一批厚礼。赵王一定答应，燕王也觉得你是个会办事的人。你若要想在张耳、陈馀身上讨得便宜，那比糠里榨出油来，还要难些。将来惹起干戈，你也脱不了干系。"

燕将考虑了一会，也怕张耳、陈馀真个恶干起来，讨不了便宜，便点头答应，请出武臣相见。武臣急于回国，自然满口答应，燕将便备下车马，就叫伙夫驾车，和武臣一同回赵。

燕、赵已经立了王，齐地（现在山东省一带）也由旧贵族田儋（dān）趁风起义，自立为王，拒绝陈胜所派的周市前来招抚。周市回到魏地，立了魏的旧贵族魏咎做魏王。六国里面，只有韩还没有王；其他楚（陈胜）、赵（武臣)、燕(韩广)、齐(田儋)、魏(魏咎)五个地方都已经立了王，各成一国。其中只有首举义旗的陈胜是一心要想灭秦的，其他四国都忙于扩充自己势力，争权夺利，早已把出兵攻秦的事撇在一边。这样，势力便分散了，自然是陈胜最痛恨的事。那时魏咎还在陈胜那里，陈胜就不让他回魏为王。可是魏地的没落贵族们只顾自己升官发财，谁做国王都是一样，便一致拥戴周市为王。周市不肯，再三派人去接魏咎，一直派了五次，陈胜没有办法，才勉强许魏咎回去。

胜利还没有把握，内部却早已分裂，大家互相争权夺利。内有朱房、胡武们篡窃政权，外则各方先后叛变，这样就种下了陈县政府灭亡的根因。

这时候有个孔鲋，是孔子的八代孙。因为秦烧灭诗书，破坏文化，便带了古时礼器来投陈胜，做个博士。他看见陈胜渐渐自满，便进谏说："臣听见古人说过：一个国家不要倚赖敌人的不来攻，要倚赖自己的实力坚固。现在大王不注重自己力量，却相信敌人不会来。这未免太危险了。"陈胜正在得意的时候，觉得孔鲋的话太迂阔了，便一口拒绝，说："寡人的军事，用不着先生操心。"从此，也就没有人再说什么了。

接着却传来了一连串失败的消息。

武平君畔到了东海，和当地起义军的首领秦嘉、朱鸡石相处得不好。秦嘉不愿意受武平君畔的管辖，假了陈胜的命令，把武平君畔杀了。陈胜的东路势力便大大削弱了。

周文出关以后，和章邯且战且走，指望各路义军援助，谁知道他们都忙于封王拜相，自私自利，竟没有一兵一卒来帮助。周文愤怒到了极点，最后他壮烈地牺牲了。陈胜的西路势力完全崩溃。

章邯乘着胜利一直向东来救荥阳。这时候吴广围荥阳已经三个月了，还没有打下。眼见章邯救兵要到了，将军田臧、李归想劝吴广撤兵，又怕吴广不

第四回 | 兴张楚陈胜称王　入潼关周文耀武

听；要再围荥阳，又怕腹背受敌。大家计议一番，竟自假借了陈胜的命令，把吴广杀了，更派人将吴广的头献给陈胜，捏造声称吴广要造反。当时陈胜也不追究，反把楚令尹（丞相）的印赏给田臧，拜他做上将。究竟陈胜是真的认为田臧该赏呢，或是出于无奈，为了要利用他去抵敌章邯的进攻呢？那就不容易知道了。不过这种破坏纪律的事情，更加速了陈县政府的崩溃。

田臧带了主力去迎战章邯，只留下李归和少数兵守住荥阳附近的阵地。战了一阵，田臧大败，全军溃散，田臧也战死了。章邯乘胜追到荥阳，李归他的兵本来不多，抵敌不住，也都牺牲了。中路的大军，完全归于消灭。

章邯知道起义军的中心在陈县，就由荥阳直向陈县进攻。二世又派了司马欣、董翳（yì）随后接应，分路并进。这时候，散在各地的起义军也都被章邯各个击破。陈县已经没有多少兵力了。上柱国蔡赐带兵迎战，也战死了。最后，陈胜只得自己出来监督张贺军队和章邯争战。双方的兵力相差太远，起义军大败。但将士们英勇不屈，宁可战死。这种不屈服的精神，充分表现了农民战士们的英勇本色。

主将张贺也战死了。陈胜只得退出陈县，打算到汝阴（现在安徽省阜阳县）去，走到下城父（现在安徽省蒙城县西北）地方，车夫庄贾看见陈胜护卫四散，忽生歹心，竟杀了陈胜，去投降秦兵，领取重赏。孔鲋也死于乱兵之中。共计陈胜起义到灭亡，仅仅六个月。时间虽然不多，但是他燃起了农民起义的烈焰，照明了革命的道路，后来终于把暴秦统治推倒，功绩是不可磨灭的。

这时候，另外却有一支农民军，以吕臣为首，头上都用苍蓝色的布包着，称为苍头军，赶来替陈胜报仇。军队虽然不多，却抱着无比的愤怒，登时打下了陈县，捉到叛徒庄贾，杀了。用隆重的葬礼，把陈胜埋葬，谥为楚隐王。

陈县政府的失败，震惊了各方面的义军。宋留打不进武关，被秦兵截断后路。他不像周文那样有骨气，却投降了秦，被二世用车裂的惨刑，残酷地杀了。这就是一个贪生怕死者的下场。

秦嘉自从杀了武平君畔以后，就不愿受陈胜的节制，听到陈胜败走的消息，便连忙拥立一个楚国贵族景驹做楚王，希望代替陈胜的地位。

那武臣派李良去招抚常山。回来后，武臣又叫他再去招抚太原（现在山西省中部一带）。李良走到半路，被秦兵堵住，不能前进。秦将知道李良从前曾经做过秦的官吏，便假造了一封二世的诏书，招他降秦，许他官爵。李良接了假诏，起了贪图富贵的心，一时委决不下，便带兵回赵。将要进入都城，忽然看见前面一队车马，约有一百多人，前呼后拥，威风十足，仿佛赵王仪仗。李良料是赵王出行，连忙下马伏地跪迎。谁知车里不是武臣，却是武臣的姊姊，赴宴回来，吃得大醉，又不认得李良，只传令跟随的人叫他免礼，仍然风驰电掣地去了。

李良一向做惯元帅，自认为地位很高，今天在全军面前，向一个不相干的女子磕头下跪，还落得个不理睬，面子上实在下不来，不由恼羞成怒。跟随的军官们也都觉得不平。有一个人便高声说道："现在天下都起来和秦算账，只要谁有本领，谁就该做王。不客气地说，赵王的江山还是将军给他打下来的呢！赵王哪点儿比将军强？今天这个女人公然这般大模大样，见了将军连车也不下，就扬长地走了。真是岂有此理！我们赶上去，把她杀了，出一口闷气。"李良心里本来已经被二世的假诏摇惑了，就立刻赞成，带了军马，追赶上去，把武臣姊姊杀了。掉回头来，直扑赵国都城。守城军士看见是自己军队，并不怀疑，开了城门。李良引兵直到赵王宫中。侍卫们措手不及，都被杀散。李良杀了武臣和邵骚，只有张耳、陈馀得了信，赶快逃出城外，收集散兵，想要替武臣报仇，又怕势力不够。有人建议说："你们两位都是魏国的人，寄居赵地，赵国人心还没有归附，自己做王是不行的。不如寻个赵国的后代子孙，立他做王，容易号召。"张耳、陈馀觉得这话很对，便寻觅了一个赵国子孙名歇的，立做赵王，一同攻打李良。李良抵敌不过，索性投降章邯去了。

各方正在乱纷纷的时候，吕臣又被秦兵打败，双方在陈地相持。只有那位召平替陈胜招抚广陵，也没有成功，他偏有急智，知道江东的吴县（现在江苏省吴县）已经有了强大的义军。便急急渡过长江，假传陈王的命令，催促义军急速过江来攻打秦军。这一去不打紧，又引出多多少少惊天动地的事情来，正是：

山回水转疑无路，柳暗花明又一村。

第五回

立楚后范增献策
识机先宋义论兵

第五回 | 立楚后范增献策　识机先宋义论兵

　　江东义军的首领不是别人，原来就是陈胜曾经提到的楚国名将项燕的儿子项梁。项家世代都做楚国的将军，因封在项地（现在河南省项城县东北），所以姓项。到了项燕，尤其精通兵法，和秦将王翦打了不知多少次的仗。最后众寡不敌，项燕终于光荣地殉职。楚国也就被秦灭亡了。项梁抱了这样国亡家破的深仇，只恨没有机会起兵雪恨。他有个侄儿名唤项籍，字羽，年纪虽小，却是英气勃勃，勇力过人。项梁便加意教育他，叫他读书写字。项籍拿起笔来简直比枪还重，写不了几个字，便跑去玩耍。项梁教了多时，一看项籍没有什么进步，暗想我家本来习武，和文墨无缘，这也难怪，不如教他学剑，也可以继承家学，便又教他学习剑法。项籍虽然欢喜抡刀舞棒，可是真的教他按照解数，一步一步苦练，却又不耐烦起来。学了几路，便随意乱挥乱劈，全不细心。结果是，学了下段，忘了上段，不是步法错乱，就是解数短缺。项梁教了几时，着实生气，便责骂他一顿。项籍说："读书写字，不过能识得名姓罢了。学了剑，也只能抵敌一个人。这学了有什么用？我要学的是一个人能够抵敌一万人的本领，这才值得学。"项梁听他口气不小，不由回嗔作喜，说："你既然有这样志气，我就教你布阵行兵的方法，好不好？"项籍连声答应："好！好！"从此果然学习兵法，倒也很有兴趣。项梁尽心指数，把家传各种兵法，详细开导。项籍学了几时，略略懂得大要。他生性浮躁，缺乏耐性，学得差不多，便又抛在一边，再也不肯钻研了。

项梁原是下相（现在江苏省宿迁县西）人，因为杀了人，便带了项籍搬到吴地方来住，好躲避仇人。吴地所有的人才，比起项梁，都差得多。地方上有了重大事情，像大工程、大丧事，总要请项梁去主持。项梁暗暗用兵法来分配管理，做得井井有条，人人都很佩服。那时项籍渐渐长成，生得身长八尺有余，眼睛的黑珠子里有两个瞳孔（重瞳），相貌英武，才气过人，有万夫不当之勇。吴地少年，没有一个不怕他的。

秦始皇出游会稽的时候，会稽人民有许多站在驰道外面观看，真是人山人海，万头攒动。项梁和项籍也夹在人丛里。看到秦始皇的车驾，奢华煊赫，大家都啧啧称羡。只有项籍指着始皇车驾对项梁说："让我来替他坐坐吧！"项梁吃了一惊，连忙把项籍的嘴紧紧掩住，说："别胡说，小心，要全家抄斩的。"项梁从此更加看重这个不平凡的侄儿。

陈胜举起义旗，各地方纷纷回应，会稽郡的郡守殷通知道守不住城池，也想乘机起兵，便唤项梁来商议说："现在各地方都反了，看来是天意亡秦。我们也应该趁早起兵，免得受人支配。我想请你和桓楚一同领兵，即日起事，好吗？"项梁略略眨一眨眼睛，立刻回答说："当然好的。只是桓楚现在已经逃往大泽中去，谁也不知道他躲在哪里，只有我侄儿项籍知道，得去把他找来才好。"殷通欣然说："那么就请令侄去一趟。"项梁答应了，便出外去唤项籍，先附在他耳边说了几句话，叫他带了利剑一同来到殷通府外。项梁先进去对殷通报告，已经叫来项籍。殷通十分欢喜，连忙请来相见。不多时，项籍进来。殷通看见项籍生得豹头环眼，威风凛凛，站在面前，只觉得英气逼人，不由含笑对项梁夸赞道："令侄真不愧是将门之子，英雄得很。"项梁也含笑说："不敢当，不敢当。现在可以叫他寻找桓楚去吧！"说罢回过头来，向项籍递了个眼色说："快点吧！"项籍应声迈上一步，倏地抽出利剑，一剑挥去,把殷通砍翻,割下头来。

殷通左右因为事出意外,都失声惊叫起来,立刻乱哄哄地狂奔乱窜,胆大的便抡起刀枪来围捕凶手。项梁早已把殷通腰间的郡守印绶解了下来,挂在自己身上,右手拿着宝剑,左手挽着殷通首级,和项籍杀了出去。项梁家传剑法,使起来就像一团白光,谁也近他不得。项籍更是天生神力,连人带剑,纺车儿一般东冲西撞,只见剑光到处,血雨纷飞,一霎时砍倒了无数卫兵,尸骸狼藉满地,杀得许多卫兵纷纷逃走。

项籍杀得性起,还在搜寻。项梁唤住了他,便召集郡里相熟的官吏士绅们,说明现在要起事的意思。大家一向佩服项梁,又看了殷通的榜样,自然没有不依的。项梁查点兵额,挑选各县精壮男丁,共计有八千名,编练起来,把吴地豪杰都按照才能,分别任事。有一个人没有工作,自己向项梁请求位置。项梁说:"你记得吗?从前某家丧事,我曾派你做某件事。你并没有做好。这可见得你的才干还不够。现在军事重要,我怎么可以随便用人?"这人无话可答。大家无不佩服项梁的精细公正。

部署已定,召平恰好到来,口称奉陈王命令,拜项梁做楚国上柱国之职,并且说:"江东既然平定了,赶快出兵向西,一同并力攻打秦国。"项梁受了命令,点齐八千兵马,带了项籍,一同过江。

走到东阳(现在安徽省天长县西北),探子报说:"前面已经有起义的军队,首领名唤陈婴,占住东阳城池。"项梁忙派人和陈婴联络,请他一同攻秦。

陈婴本来是东阳令史(秦官名),一向老实谨慎。东阳人民起义,杀了秦的县令,想要立陈婴为王。陈不敢答应,就回去问他的母亲,他母亲说:"我来到你家几十年,从来没听说过你家上代有什么了不起的人物,你现在忽然做起王来,这是一件很不好的事,不如做别人的属下,听别人的指挥。将来事情成功，也不失封侯地位。万一失败，也容易逃走，不会被敌人注意。这才是妥当的办法。"陈婴听了母亲的话，更加执意不做。恰好项梁使者来到，陈婴大喜，便向大家说："项家是世代名将，在楚国有极大的名望。我们要起义，一定得有像项家这样的领袖，才可以成功。我情愿和大家一同归附他，听他指挥。"大家也都知道项门威名，人人愿意。

项梁收了陈婴二万兵马，渡过淮水，又有许多义军纷纷前来投效。其中有一名勇将，姓英，名布。曾经犯法，脸上被刺了两行黥（qíng）字，送去骊山做苦工，所以又叫黥布。英布到了骊山，和工役数十万人一同工作，结交了许多勇敢的劳苦人民，寻个机会，一同逃到江上，做着没本钱的勾当。陈胜起事，英布也想回应，听说鄱阳（现在江西省鄱阳县）县令吴芮，很得民心，人民称他为鄱君，英布便去见他，劝他一同起兵。鄱君看见英布相貌轩昂，虽然面有黥文，不失英雄本色，知道将来是个人才，便把爱女许配给他，招为女婿，助他军装粮食。英布便招得壮士几千人，向西出发。到得陈县，陈胜已经战败。英布便帮助吕臣，和秦兵打了几阵仗，闻得项梁名望，特来相投。还有一个姓蒲的勇将，人称他为蒲将军，也带兵来投。项梁一路陆续聚集了六七万兵马，声势越发强大。

项梁到了下邳，探知秦嘉已经立了景驹做楚王，勃然大怒，说："陈王是首先起义的人，现在虽然战败，还没有真实消息。秦嘉胆敢背叛，另外立王，必须讨伐。"便派英布当先出马，项籍随后接应。自己率领大军继续出发。

秦嘉兵力本来有限，怎禁得英布、项籍两员虎将？被杀得大败逃走。项梁追上，秦嘉、景驹都战死了。

项梁消灭了秦嘉，军威大振。吕臣也带兵来会。这时候方才知道陈胜的确已经死了，章邯已经移兵去打魏国，项梁便召集各地义军首领都来薛（现在山东省滕县东南）地会齐，大家共同讨论。各地首领都陆续前来赴会。沛县（现在江苏省沛县东）刘邦也带了亲信人员前来参加。

刘邦是沛县的丰邑人，从小好吃懒做，父母因为他不像两个哥哥勤勉，常常责骂他。秦的制度，儿子长大必须与父母分居，别立门户。刘邦怕父亲责骂，只好常常到两个哥哥家里去打扰。大哥早死。大嫂带了侄儿辛苦度日，看见小叔常来吃饭，还呼朋唤友一起同来，自然十分讨厌。一天，刘邦又带了几个朋友来到大嫂家中。大嫂料知一定又来吃饭，便故意用铁勺在锅边刮得刺耳地响，好像锅里已经空了一般。客人听见，以为饭已经吃过了，便各自散去。刘邦心里怀疑，走到厨下一看，锅里还有很多的羹汤，才明白嫂嫂的用意，便不再到大嫂家来。

刘邦既然不愿种田，便去做吏，不久便做了泗水亭长。原来秦的制度，十里设一个亭，供来往旅客休息住宿，如同驿站旅馆一般。管理的人称为亭长。刘邦做了亭长，越发交朋结友，认识了不少往来的县吏。

有一次，刘邦奉派到咸阳办公，看见街道繁华，楼台高敞，心里十分羡慕。忽然传说皇帝出行，百姓们都让开道路，远远站着观看。他看见皇帝这般煊赫奢华，感到自己实在太渺小了，不禁叹了一口气说："大丈夫应该这样才是。"

不久，秦始皇死了，各县都挑选工役送去骊山作工，由刘邦押送。走了不到几里，工役们陆续逃走。刘邦无法弹压，心中暗想，现在已经逃去许多，走到骊山，一定逃得精光，也是无法交代，倒不如干脆把他们都放去，省得白白操心。想定了，走到丰邑西边一个大泽地方，泽中有个亭子，刘邦便叫大家都在亭内休息，自己买酒吃得烂醉，等到天黑，便除下了工役们身上的绳索刑具，说："你们都去吧！我从此也不回去了。"工役里有几个勇敢的人，情愿跟着刘邦一同逃难。

县令查知刘邦逃走，便派人缉拿，一面把刘邦妻子吕氏捉来，关在狱中。

幸刘邦和县吏萧何、曹参们都有交情，吕氏才得以放回。

陈胜起义的消息传开了，各地纷纷杀死官吏，起兵回应。沛县县令也想起兵，萧何、曹参说："你本是秦的官吏，现在要和秦对抗，恐怕人民不服。不如招集逃亡的人，借了他们的力量来挟制人民，人民不敢不听。"县令细想，倒也有理。萧、曹两人便举荐刘邦。县令因为刘邦是个亭长出身，总可以服从自己指挥，便允许了。唤来吕氏的妹夫樊哙，命他去找刘邦。

刘邦这时候已轻啸聚有好几十人了，便跟了樊哙一起回来。县令听见刘邦带了许多人来，心里懊悔，恐怕刘邦势力太大，连忙把城门关了，不让刘邦进城。又想起萧何、曹参既然保荐刘邦，也是靠不住的，打算先把他们捉下。萧、曹两人本是县吏，看出风头不妙，趁着黑夜，悄悄爬城逃走，跑到刘邦那里报告。刘邦写了一张帛书缚在箭上，射进城去。城里人拾着，展开一看，内中是劝城内人民赶快除去县令，起义回应各方。要是替秦守城，只有自取灭亡的意思。人民看了，一传十，十传百，大家都不愿替秦守城。登时聚集了许多勇敢少年，围住县衙，杀了县令。城门大开，迎接刘邦入城，立为沛公。原来楚国的县令称为县公，现在既然回应陈胜，自然用楚的官名。

刘邦闻知景驹做了楚王，想去拜见。走到半路，忽然碰见前面一彪人马约有一百多人。为首一人生得姿容俊美，眉目清秀，好像书生模样。刘邦暗暗称奇，这般文弱，还带什么兵，造什么反？到了跟前，问起姓名，原来是韩人张良，也是要去见景驹的，便合兵一同前行。一路上两人谈论起来，非常投机。张良自从学得太公兵法，胸中学问更非寻常可比，有时和人谈说，都没有人能够领悟的。不想这次碰见刘邦，随便一句话，刘邦都懂得其中道理，并且即刻依从他的意思去做。张良本心只想替韩报仇，并没有做领袖的野心，自己身体又瘦弱多病，很希望和人合作。刘邦既然这样听他的话，他就决意跟随刘邦到底。

当时刘邦得知景驹已经败死,项梁在薛召集会议,便也赶来参加。会中一切当然都是由项梁主持。大家都有推尊项梁做首领的意思。忽然有个须发斑白的老头子前来求见项梁,自称姓范名增,有奇计来献。项梁请他进来,见礼已毕,范增说:"现在诸位讨论大事,必须看清陈王失败的原因,才能成功。陈王这次失收,完全由于自取。当初秦灭六国,唯有楚国最为冤枉。自从楚怀王被秦骗去开会,扣留到死,不能回国,楚国人民没有一个不可怜他的,到现在说起来,还都像死了亲人一般的难受。人民是这样思念楚国,陈胜却自己做了楚王,不立楚国的子孙,所以人民的心都不归附他。现在将军起兵,楚国义军争先来投,为了什么呢?他们都是相信将军是楚国世代名将,一定会拥立楚国子孙为王,替楚国出一口冤气。将军如果能顺从民意,立楚王的后代子孙做王,一定可以团结人民,得到最后胜利。这就是我的意见。"

项梁听了范增言语,觉得很有道理。他本是楚国旧贵族,对于楚的王室也多少有些感情,便向大家征求意见,各人都没有话说。项梁就派人分头查访楚国从前的王子王孙,但大半都给秦始皇迁到咸阳去居住了。访寻多日,才找得一个牧羊的人,名心,的确是楚怀王的孙儿。项梁把他接来,立为楚王,也称作楚怀王,来迎合楚国人民思念楚怀王的心理。楚王拜陈婴做上柱国,封项梁做武信君,仍然掌握兵权。张良看见五国都有了王,只有韩国还没有恢复,便趁项梁高兴的时候,劝他立韩公子成做了韩王。张良辞了刘邦,跟了韩王成领兵去收复韩地。

项梁把国内事情安排清楚,正要出师,忽然魏王咎的弟弟魏豹逃来,哭诉魏国被章邯围攻甚急,魏相周市冒险出城向齐求救。齐王田儋亲自带兵前来救援,被章邯截杀,全军覆没。田儋、周市都已战死。哥哥魏王咎举火自焚身死,魏国全被章邯占去。项梁听了大惊。忽又报章邯灭了魏国,又移兵攻打齐国,把田儋的堂弟田荣围在东阿。田荣派人前来求救。项梁大怒,说:"我正要大举出兵，剪灭秦国。叵耐章邯这般猖獗，必须把他消灭，才好向西。"立刻和楚怀王商议，分给魏豹五千兵马，叫他去收复魏地，项梁自己带了项籍、英布、刘邦等星夜去救田荣。

章邯自从打败周文以来，所向无敌，消灭了许多义军，推翻陈县政府，移兵向北，灭魏围齐，一连串胜利，眼看东阿不久就要攻下。正在得意的时候，忽然报说楚国起兵来救。章邯约退围城军队，摆开阵势，预备厮杀。只见迎面卷来一大队兵马，旗帜分明，行列齐整，和一向看见的义军大不相同，心里暗暗诧异。正待上前迎敌，只听得敌人阵里，鼓声大振。一员猛将，面带黥文，横枪跃马，带着左右健儿，像海潮一般冲进阵来，见人就杀，遇马便刺，好像煞神下降，凶猛无比。章邯抵敌不住，正在着忙，忽然后军又发起喊来。左有项籍，右有刘邦，两支人马生龙活虎般分头包抄前来。只杀得秦军人仰马翻，全队大乱。章邯忙命司马欣、董翳分兵抵御，一面约退兵马，且战且走。项梁挥动全军，紧紧追上。秦兵都弃甲抛戈，四散逃生。章邯领了一些败残兵马，向西败走。东阿的围已解。田荣出城，谢了项梁相救的恩德，自回齐国去了。项梁依然领了全军，追赶章邯。一面派刘邦、项籍沿路攻打秦的郡县。项籍生长将门，喜欢屠杀，对秦又抱着仇视心理。凡是秦坚守的城池，被他打下，总杀得鸡犬不留。

章邯逃到濮阳（现在河南省濮阳县）东边，收集了败残兵卒，查点人马，伤亡一半，对司马欣、董翳说："不料楚兵这般凶猛。现在我们锐气已折，必须请求添兵，方能取胜。"司马欣说："这项梁是项燕的儿子，兵法精通，不可小觑。"原来司马欣从前和项梁有过交情，还帮助过项梁，所以知道项梁的底细。

当下章邯派司马欣回咸阳求救，自己整顿军队和项梁对敌。这番不比前番，章邯也小心布置，步步提防。布阵已定，项梁追兵已经跟着到了。项梁看见章邯已有准备，便摆开阵势。鼓声才起，英布便抡起长枪，雄赳赳地抢出阵来，放开马直冲了过去。楚军便排山倒海般跟着英布一齐涌上。章邯上次吃过苦头，忙指挥前面军队拼死抵敌。英布马快，早已抢到旗门，手起一枪，挑倒一个裨将，趁势杀进阵去，左冲右突，勇猛无比。秦军站脚不住，纷纷倒退。楚军重重叠叠围了上去。章邯被围在核心，苦战不能得脱。幸亏董翳带了预先埋伏的两支救兵杀了进来，方才把章邯救出，狼狈地逃到濮阳城里去了。

项梁大获全胜，得了无数旌旗马匹和辎重粮食，十分欢喜，便在濮阳城外堵截救兵，一面进兵攻打定陶（现在山东省定陶县）。忽然又接到刘邦、项籍报捷喜讯，献上三川郡郡守李由首级。原来李由接得章邯兵败消息，赶来救援，却碰着项籍军队。李由虽然弓马娴熟，如何是项籍敌手？不消几个回合，便被项籍一枪刺死。全军覆没。

章邯守住濮阳，又连连派人到咸阳求救。二世虽然不大知道外边情形，却也懂得义军还在进攻。他觉得皇帝是应该享受的，管理国事自有丞相负责，现在人民这般反抗，都是丞相们不够精明的缘故。在他听歌赏舞的余暇，偶然想到国家，便派宦者去责备李斯，为何让人民的势力这般强大起来？李斯被二世屡次责问，心里着实恐慌，要想辞职，又舍不得富贵。想来想去，只有奉承。便依照二世的意思，回奏说："人民胆敢这般反抗，都是刑法还不够严紧的缘故。圣明的君主必须懂得督察责罚的方法，用最严最重的刑法来管束人民。臣下个个只怕犯罪，唯求保全性命都来不及，哪敢造反？自然就太平了。"二世听他这样说，很合心意，便命令官吏一切都要严厉，每日杀人无数。

赵高在二世宫里，替二世批旨。凡是自己不欢喜的人，都假了二世的旨，屠杀了。他怕李斯会告诉二世，便想法来对付李斯。他装作很忧愁的模样，对李斯说："现在关东乱得很。这都是人民工役太多太苦的缘故。皇帝还要抽壮丁去建兴阿房宫，养了许多猎狗骏马。这些东西实在没有用处。我想劝谏皇帝，但是地位太低，说的话未必会听。君侯是丞相，这正是该当管的事，为什么不说？"李斯看见赵高神气很忧愁，说的话又这样诚恳，信以为真，便也叹息道："我何尝不想？只是没有机会。皇帝现在不坐朝，不见臣下。这种话又不能叫人传达，必须当面细讲。有什么法子呢？"赵高说："君侯这般忠君，还怕没有机会？只要你真的肯劝谏皇帝，我一定在旁边留意，等到皇帝有空的时候，就来通知。"李斯答应。赵高欣然去了。

过了几天，恰好巧匠造好十二个黄金美人，进入宫中。这美人身上都穿着五彩宫衣，手里拿着筝、笛、箫、笙、琴、瑟等各种乐器。腹内安着巧妙机关。第一个美人背后有个指头粗细的管子，露出衣裳外面，最末个美人背后有一条绳子。只消一个人拉着绳子，一个人吹着管子，这十二个美人就会吹弹起来，如同活人一般。二世宫中宝贝虽然很多，这种玩意儿却还没有，自然十分高兴，吩咐摆起酒席来赏玩。赵高看出二世一心寻乐，连忙叫人通知李斯赶快前来。

李斯到了宫前，便有内侍通报丞相来朝。二世正和宠爱的妃嫔们说笑赏玩，刚刚在有趣的时候，哪肯撇下，便命宦者回绝不见。李斯只得回去。

再过几天，二世又和宠姬们在园里看花，唤宫里舞女把新作的舞曲演奏一番。赵高料知许多舞曲一定需要演奏一天，连忙又叫人通知李斯赶快前来。

李斯急急赶来请见，自然又碰了钉子。

又过了两天，二世正和美人喝酒。许多爱姬美妾花团锦簇般围在二世左右，争着向二世劝酒。赵高料知这一席酒，需要很长时间，便又派人去催李斯前来。

李斯一连两次没有见到二世，心里也有一些怀疑。但是赵高派的人再三说："这次绝不会错。"李斯只好再试这一趟，又到宫门请求朝见二世。

二世正喝得高兴的时候，哪肯放下酒杯？便厌烦地说："丞相真是讨厌。

我有空的时候，他又不来。总偏偏等到我有事情的时候，他就来打扰了。这简直是跟我开玩笑。他自己上了年纪，大约看不起我年轻的皇帝。这样不识趣！"赵高看出二世已经讨厌李斯，便趁机说："这很难说。丞相要是存了这样的心，那就糟糕了。自然，丞相是做过许多年丞相的，始皇帝时，就已经做了丞相了。沙丘的事情，丞相是参加的。当然他也想有点好处，或许可以分几郡土地，做个国王。可是陛下做了皇帝，丞相却不过还是丞相，并不曾添上什么。他心里难保没有怨恨之心。从来陛下没有提到，臣也不敢多话。今天说到了，臣才敢说。陛下想：丞相是那样有才能的人，岂有捉不到几个蟊贼的道理？这当然有点缘故。丞相的儿子李由在三川郡做郡守，陈胜他们都是邻近三川地方的人。他们来来去去，李由从来也没有出兵堵截过。这不是明明白白的事情吗？臣还听人说：李由和陈胜他们私通告信，不知讲些什么话。臣因为没有得到他的真实凭据，不敢说出。丞相在外边管理国事多年，权力比陛下还重。要是丞相有了什么外心，那就糟了。"二世听说，不由暗暗惊慌。他本来只图快乐，把国事都推给李斯管，要是李斯和义军联合起来，他不是就完了吗？可是李斯已经做了多年丞相，不便无缘无故就说他通敌，便吩咐御史派人去查究三川郡郡守李由有没有通敌的事。

却说李斯第三次请见，又没有见到二世，心里十分生气，这才相信一定是上了赵高的当。忽然听说二世查究李由通敌，更明白赵高已经向自己进攻，连忙去见二世，想要分辩。二世却在甘泉宫观看角抵的戏。这角抵是古时一种杂技，两个人相扑摔跤，耍出各种奇妙的解数。李斯仍旧无法进见，气愤不过，便上书奏说赵高弄权。

二世见李斯反说赵高不好，奇怪得很，便唤来李斯，对他说道："丞相太多疑了。赵高做人公正诚实，清廉勤谨，一意尽忠为国。这样的人，天下哪里找去？你怎么说他坏话？你想：朕年纪太轻，不谙政事，你又老了，正要倚靠赵高这样精明强干的人来帮助我。朕不用赵高，还用什么人？"李斯听见二世偏向赵高，更加有气，便极力诉说赵高种种不法。二世只是不听。李斯没奈何，只得退出。

二世一心偏爱赵高，只怕李斯杀害他，便偷偷把李斯的话告诉赵高，叫他小心。赵高装作十分感激的样子，说："从他的谈话里，就可以知道他的用心了。他只怕臣帮着陛下，揭发他的反谋，故意造谣害臣。臣死了，丞相就放胆篡位，再不怕什么了。幸亏陛下圣明，不听他的胡说。"二世反安慰赵高，不必害怕李斯。

李斯出宫，越想越气。他年纪已经老了，一向作威作福，又借着功劳，还不知进退，依然和右丞相冯去疾、将军冯劫商议，共同上奏，说："现在各地人民纷纷起来反抗朝廷，都是因为工役太重，负担不起的缘故。请暂时停止建筑阿房宫，减少抽取壮丁。"这种建议，在平日二世也是不会采纳的，何况现在和李斯心里有隙的时候？自然就借了这题目大发脾气，说："当初先帝造阿房宫，何等光荣？朕刚刚继位两年，你们便弄得遍地刀兵，反要把先帝所做的事情也取消了。这不但对不住先帝，也不替我尽力。哪配做什么大臣？"便把三人都提下牢狱去问罪。

冯去疾、冯劫两人懂得风头不妙，不愿受人侮辱，便干脆自杀了。只有李斯自以为功劳盖世，不肯寻死，被捉入狱。二世将这桩案子交给赵高去审。赵高便把李斯全家和亲戚宾客一齐捉来，严刑拷打，逼李斯承认和儿子李由共同谋反。李斯被鞭子打得皮开肉绽，鲜血淋漓，实在受不起痛楚，只得承认谋反。可是他心中还指望二世能够明白他的冤枉，便写了一封奏书，详述自己一生功劳，请狱吏代奏。狱吏呈给赵高。赵高说："犯了死罪的囚犯哪能上奏？"立刻把他的奏章毁去。

赵高又怕二世派人复审，李斯一定会翻供，便派了自己的心腹，假装二世使者，前来复讯。李斯不知是假，果然哭诉冤枉。结果是反被毒打一顿。这样复审了十几次，李斯一翻供，就被打得死去活来。一直打到李斯再不敢说了，方才奏上二世。二世果然派人复审，李斯已经被打怕了，一一照旧承认，不敢呼冤。使者回奏，二世高兴起来，说："这次完全亏了赵高，才揭发了李斯奸谋。我差一点上了他的当。这样奸臣，应当重重办罪。"过了几天，查办李由的使者回来，报说李由已经被楚兵杀死。赵高连忙改了报告，只说："李由一向和楚兵通谋，知道父亲李斯下狱，已经投降楚国去了。"一面定了李斯谋反罪名，应受五刑。全家连三族都要抄斩。

李斯出了牢狱，解上市曹，看见全家都绑在市上等死，不由两泪交流，对着他的第二个儿子说："我真想不到有今天的日子。现在要想再像从前做平民的时候，和你一同牵了黄犬，出上蔡东城门去追逐兔子，哪里能够啊？"说罢大哭起来。儿子们也都哭作一团，不多时，刽子手开刀，全家都被屠杀。

李斯死后，赵高做了丞相。秦的内政，自然只有更糟。但是关外的守将章邯却意外地打了个胜仗。

原来项梁自从出兵以来，战无不胜，攻无不取，连最强的章邯也接连两次被项梁打得大败，逃入濮阳城里。从前吴广不能取胜的三川郡守李由，也被项籍轻巧地杀得片甲不留，项梁从此便很轻敌，对于军事看得轻淡，不像从前认真。更加这个月接连大雨，满地泥泞。军事一停顿，大家就都松弛下来。楚军里有个宋义，曾经做过楚国令尹，年纪相当老，阅历很多，看见军纪渐渐松弛，便劝谏项梁说："兵法说：打了胜仗以后，要是骄傲懒惰，就要被打败的。这是至理名言。现在我军渐渐懒惰，白天里旌旗不整，黑夜里刁斗无声。可是秦兵方面前几日新到了王离的几万人，昨天又听说秦将涉间也带了几万人马来。他们天天添兵，不可小看。我实在替你担心。"项梁笑道："你未免太胆小了。谅章邯小子有多大本领？上回他带领五六十万大兵，被我连胜两次，杀得他狼狈逃走。现在困守濮阳，就像瓮里的鳖，早晚被我手到擒来。怕他怎的？就让他再来几万救兵，也济得甚事？我已经派人去催齐、赵两国，快点派兵前来。那时扫清秦兵，直捣咸阳，才出我胸中恶气。"宋义看见项梁满脸得意，知道说也无用，便转口说："这齐相田荣也太不讲交情了。我们救他东阿的围，他却不派兵来帮我们。真是岂有此理！我请走一趟，催他一催，看他有何话说。"项梁允诺。宋义出了营门，急急往东而去。

走到半路，遇见齐国使者高陵君，一行车马正向西来。宋义停在路旁和高陵君相见。动问高陵君是不是要去见武信君（项梁）。高陵君回答说："正是。武信君屡次催兵，可是齐相却另有苦衷，派我来和武信君接洽。"宋义点头叹气说："武信君不行了。据我观测，不到十天，他的兵一定要大败。你去见他，最好慢慢走，躲开这一场大祸。要是走得快，正赶上这个关头，就难保性命了。"高陵君听了，半信半疑，只得拱手称谢，分头自去。他想这次使命反正是不要紧的，迟到几天，也没有关系，便乐得拖延着，把一天的路程匀做两天行走。走了半个月，快到定陶，忽然听说昨天夜里，秦将章邯冒雨偷营，把楚军杀得大败，项梁已战死了。

高陵君听了，吓得目瞪口呆，暗想这次要是没有遇见宋义，岂不稳稳送死？现在武信君既然死了，只好去见楚王。一打听，楚怀王因为恐怕章邯乘胜进攻，已经搬到彭城居住，便急急赶到彭城。

楚怀王这时候十分困难。项梁已战死了。项籍和刘邦失去接应，也只得撤兵回来。除了还有吕臣一些军队外，实力有限得很。最吃亏的是缺乏一个足智多谋的大将来统辖全军。大家地位都差不多，谁肯听别人管束？楚怀王没奈何，只得把项籍、吕臣的军队合并起来，都归自己指挥。让吕臣改任司徒，又拜吕臣的父亲吕青做令尹，封项籍做长安侯，号为鲁公，来安慰他们。

高陵君到了彭城，交代使命完毕。楚怀王问他一路情形，高陵君备细说知，也说到路上碰着宋义的事，说："宋义认为武信君军队一定要败。果然，不出所料，几日内便大败。军队还不曾交战，他就预先知道败象，这真是了不得的人。"高陵君原是无心谈到，楚怀王却字字留意。等到高陵君去了，便唤人去叫宋义来见，和他谈论军事。宋义说到项梁当日军队怎样疏忽，怎样应该改良，说得头头是道。楚怀王不觉满心欢喜，说："我正愁没有大将，想不到你有这样才干。"便常常叫宋义来商量军事。

不多几日，探子报说：章邯并不往东进攻，却向北去打赵国，把赵军打得落花流水。现在赵王已经逃去，赵的国都已经踏成平地。怀王大惊，正想派人打听消息，赵国已经派了使者星夜赶来求救，诉说国都邯郸（现在河北省邯郸县西南）被章邯打破，把城全拆了。人民都被俘虏去。赵王歇和张耳逃走到巨鹿（现在河北省平乡县）域内，被秦军围住，日夜攻打。请求楚国赶快出兵来救。

怀王召集诸将，商议救赵。大家都说：章邯势力太强，又有关内的粮草源源接济。我们还是得抄从前陈王的老文章，一面出兵救赵，一面派兵去打秦都咸阳。要是能够打进秦的国都，章邯就成了孤军。怀王说："这方法自然很好。双管齐下，使秦首尾不能相顾。但是秦兵大部分都在章邯手里，我们必须全力去对付。攻打咸阳的军队只能派一支奇兵。从前我曾说过：谁先打进关中，谁就做秦王。现在诸位谁愿意去打咸阳，夺个首功？"大众听了，面面相觑，都不作声。原来自从周文上次败阵以后，秦兵一向占着优势，中间虽然被项梁打败两次，但是不久章邯又获大胜。项梁也牺牲了。现在楚国不但兵力不够，连一个智勇出色的人才都难找到。谁敢向老虎头上拍苍蝇，冒这般大险？

大家正在迟疑的时候，项羽慷慨地站了起来，大声说："秦杀了我的叔叔项梁，我和秦有血海般的深仇，情愿和刘邦一同去打咸阳，便是刀山剑树，我也不怕。不踏平秦国，誓不回来。"怀王一看是项羽，犹豫了一会，微微含笑说：“难得将军有这般勇敢。但是军情重大，还得从长计议。河北章邯一军也不可轻视。”项羽见怀王不肯爽快答应，心里很不高兴。

怀王进入宫中，又召来吕青、吕臣、陈婴、宋义一干老将，商量军事。大家都说："项羽（籍）虽然十分武勇，可是手段太辣。从前他打下的城池，都杀得鸡犬不留，连军队经过的地方，也弄得残破不堪。这样不爱惜人民，一定会引起人民的反抗。派他去打秦，不会成功的。我们已经出兵了许多次，像吴广、周文、项梁，都没有好结果，可见专用武力还是不行。不如派个稳健宽大的人，一路招抚劝告人民。人民受秦这般压迫，只要好联络，准可以和我们合作。像项羽这样的人，万万要不得。"怀王点头说："我也是这样想，所以刚才没有允许他去。我想，西路派刘邦一个人去，似乎还稳当一点。留下项羽到北路去救赵国。章邯是他真正的仇人，他也一定愿意去报仇的。"老将们都赞成说："刘邦为人还宽宏大量，或许还行。"怀王说："只是北路的章邯是个劲敌，武信君还败在他的手中，项羽勇敢有余，经验不足，未必是章邯的敌手。还得一位深通兵法、老成稳健的人来做元帅。我想只有宋将军可担此任。"宋义谦让说："臣才疏位小，恐怕不能号令诸将。"怀王说："这有何妨？寡人自有办法。"便下令拜宋义做上将军，赐号"卿子冠军"，统领全军，即日北上救赵。项羽做次将，范增做末将，还有其他各将，一概听宋义的节制。另外派刘邦一军向西直攻武关。

这时候，魏豹已经得了魏地二十多座城池。怀王便封魏豹做了魏王。

项羽看见怀王不许他和刘邦同去，却派他北上，心里虽然怏怏不快，但是想到章邯和自己有深仇，也就决心先打倒章邯，再由潼关打进咸阳，也是一样。他和刘邦同事过，晓得刘邦的力量，绝对赶不上自己，倒也不怕。怀王的意思：范增是主张拥立自己的，宋义又是自己一手提拔的，自然都十分靠得住。他俩都是足智多谋的老将，加上一个勇猛无比的项羽，这胜利是有把握的。

　　当时宋义在很隆重的礼节下，受了上将军的印绶，即日向北动身。走了不多几日，赵国求救的使者已络绎而来，军事紧急的消息也像雪片般飞来。章邯派了王离、涉间围住巨鹿城，日夜轮流攻打。为了打算长期围城，特地筑了双重墙的"甬道"，像一条弄堂一般，在墙里运送粮草，以免被人劫夺。章邯自己带了五十万大军，驻扎巨鹿的南边，截住各国诸侯来救的军队。赵王歇和赵相张耳守在城里，日夜提心吊胆，危险万分。赵将陈馀带领了几万兵马在巨鹿北边驻扎，因为秦兵势大，不敢向前。赵王派了不知多少的使者分头向各国请救。诸侯们一听章邯名字，谁也不敢前来。尤其齐国，从前齐王田儋因为救魏，被章邯打败，送了性命。齐国已经成了惊弓之鸟，再也不敢出兵。燕王韩广派了将军臧荼带了三万人马，走到巨鹿，看见秦兵漫山遍野杀来，吓得急忙倒退，只好远远立下营盘，和陈馀做个掎角。齐将田都心里不服，不向齐王请命，一看大家都不敢上前，也只好远远扎住。张耳等了多时，不见有人来救。城里粮食看看快完了，兵士又少，不够巡守城池。探知大家都远远围在巨鹿附近，只是不敢向前。张耳只得缒（zhuì）人出城，去催他们快快进兵。陈馀算算自己兵力万万不是章邯对手，无论如何不敢进攻。张耳气得要死，便派了张黡、陈泽两人出城去责备陈馀说："从前我们（张耳、陈馀）如何要好，不是说过誓同生死吗？现在赵王和我早晚要死在秦兵刀下了，你却拥着几万大兵，坐着看我们死，这是誓同生死的好朋友吗？假使你真的拿我当朋友，你为什么不和秦拼一拼，也许可以有万一的希望。"陈馀分辩说："我认为没有把握的进兵，只有白白送死，一点也没有用处。我不打算一同死，是为了要留着命替你们报仇，不是怕死。"张黡、陈泽说："你既然不怕死，为什么不和朋友一起死呢？我不信就没有一点希望。"陈馀也火了，说："你不信，你试试看。你看秦兵多么浩大。我们上去，就像一块鲜肉抛给饥饿的老虎一般。济得什么事？"张黡、陈泽赌气，真的就带了五千兵去，当然不够秦兵一扫，五千人白白送了性命。陈馀更加不敢动弹。

这些消息传到宋义耳朵里。他觉得实在没有多大把握能够打败章邯，不知不觉就气馁了下来。刚刚走到安阳（现在山东省曹县东）地方，不敢过河，停了四十六天，把个项羽急得满心焦躁。他忍耐了许多天，实在无法忍耐了，便向宋义建议说："现在巨鹿被围得十分紧急。俗语说，'救兵如救火'。我们应该赶快过河，星夜兼程赶路。我们在外面痛击，赵兵在城内回应。双方内外夹攻，一定可以打败秦兵。这实在是刻不容缓的事情。"宋义慢吞吞地摸着胡子，微笑着说："这不是你懂得的。秦正和赵打仗，我们应该看看情形。如果是秦得胜，我们就可以趁他们疲劳的时候，和他们开战，自然容易得胜。如果秦打败了，我们更可以趁势向西，一定就可以灭了秦国。所以我等在这里，专等秦、赵两国的战事结果。这是兵法里面避实击虚的妙计，稳稳可以操得胜算。将军虽然勇敢，在战场上我比不上将军；可是行兵用计，恐怕将军也得让我见得多吧！"说完眯着眼睛哈哈大笑。

项羽一听宋义这般迂阔言论，心里非常气愤，掉过头来，一言不发地走了。

宋义看见项羽的态度，知道他心里不服，暗想他不过二十五岁的青年，就这般不服教训，必须给他一个厉害看看，才好管束。便下了一个军令，说："本上将军统领全军，各将士应该静听号令。如有凶猛像虎的，阴狠像羊的，贪残像狼的，和强硬不听调度的，不论将士兵卒，都应该斩首示众。"军令一出，人人皆知。项羽明知这是指桑骂槐，对付自己，只气得七窍生烟，想起当初叔父项梁起兵时候，哪个人不听他的号令？连怀王都是叔父所拥立的，宋义也不过叔父麾下一个无名小卒。现在叔父一死，自己反受许多恶气，听人号令，这如何甘心？他心里动了杀机，打算相机行事。宋义还不知道，看见项羽并无动静，以为已被压倒，便得意扬扬地把儿子宋襄送去齐国做相，自己亲自到无盐（现在山东省东平县东）相送，摆设酒席，大飨将士。一连几天，又吃又喝。偏偏天不作美，下起雨来。正值十一月寒冬天气，兵士们衣服单薄，又冻又饿，人人心里怨恨。项羽心里有事，酒席未完，便托词出来：看见兵士们愁眉苦脸，便发出一篇议论。这正是：

祸福常因无意得，盛衰难免不平鸣。

第六回
战巨鹿项羽沉舟
入咸阳刘邦约法

第六回 | 战巨鹿项羽沉舟　入咸阳刘邦约法

却说项羽趁着军士们怨恨的时候，便抓紧机会，故意发狠地说："咳！我们大家背井离乡，受尽辛苦，为的是要和残暴的秦拼个死活。现在不去救赵国，却在半路上饮酒作乐。年成这样不好，人民苦得要死，军士们也只吃杂粮。正应该赶快渡过黄河，利用赵国的粮食，来和秦拼命。却要停在这里，说什么要等到秦打得累了，再打。秦军那么强大，打一个小小巨鹿城，还怕打不破？有什么累？只有更加强大罢了。我们楚国新打了一个败仗，楚王为了国事，坐都坐不安稳，把全国军队扫数交给上将军。楚国的存亡，就看这个仗打得怎样了。上将军却这般不当作一回事，这算得上社稷之臣吗？"一面说者，一面眼光不停地向四周扫射，察看众人颜色。

这些话打动了军士们的心。他们本来都是农民，因为受秦压迫得没有办法，才奋勇加入了起义军队，都希望快快把秦消灭了，好重整田园，安居乐业。想不到打了一年多的仗，还没有达到目的，反弄得有田难耕，粮荒米贵。现在停在半路上，眼看着将官大吃大喝，而自己却受冻受饿，心里早已十分怨恨。现在项羽把他们不敢说的话说了出来，个个感到痛快，都不约而同地向项羽注目，嘴里虽然不说什么，眼睛里却都洋溢着一种火炽般热烈的感情。

项羽一看，知道已经打动了他们的心，这正是夺取宋义军权的好机会，便不再多言，自回营里安歇。

第二天，天色刚亮，项羽便起来，穿好军装，带了宝剑，走到宋义帐外。许多将士都已齐集，等候宋义上帐议事，项羽知道宋义昨夜喝酒很多，恐怕还没有起来，便独自走进去。大家以为他有什么话要对宋义说，谁也没有注意。

不多时，只见项羽大踏步走出来，右手拿着宝剑，左手提着一个血淋淋的人头，满脸杀气，威风凛凛地站在当中，圆睁着满布红丝的眼睛，好像要爆出凶烈的火焰。大家一看情形不对，全都吓得怔住了。

只听得项羽敞开喉咙，大声地宣布说："宋义受了楚王命令带兵救赵，却擅自在半路逗留不进，私派儿子宋襄，勾结齐国谋反。我奉楚王密诏，已经把他杀了。"说到"杀"字，声音特别提高，眼光也一闪一闪地放出了特别强烈的威棱。那种声势汹汹的态度，配合了魁梧英伟的状貌，就像煞神一般，又威严，又凶猛。

大家出于不意，个个都吓得脸色苍白，一句话也说不出。本来项羽在军中的地位，宋义下来，便是他了。现在他连宋义都杀了，还怕谁来？大家本来就对宋义不满，再加上项羽在军队中极有威信，很多人就一齐说道："本来建立楚国的就是项家，现在将军又平定了叛乱，这真是极大的功劳。军中不能没有主将，请将军做主，大家情愿听将军指挥。"这时候大家都不约而同地齐声说道："我们情愿听将军指挥，请将军做上将军。"

项羽见大家都已服从，便渐渐收敛了怒容，谦恭地说："我只能权代一时，还得向楚王禀报。"说罢便派兵去追赶宋襄，把他杀死。一面派桓楚把杀死宋义的事情，报告楚怀王。怀王接得报告，不免吃了一惊。但是兵权已落在项羽手上，无法对付。只得吩咐桓楚传命，实授项羽做上将军，代替了宋义的地位。

项羽掌握了军权，立刻发施号令，北上救赵，先派英布、蒲将军两人带了二万精兵渡河，星夜前进。英布、蒲将军都是有名的虎将，得了将令，马上起程，渡过河水，便一直风驰电掣地向巨鹿扑去。章邯听说楚兵要救赵，以为项梁已死，没有什么可怕的人，不大放在心上。又过了四五十天，并不见楚兵形影，更加松弛。想不到忽然扑到两员猛虎般的勇将，横冲直撞，杀得秦兵叫苦连天，只得败退一阵，收营坚守。

这时候，张耳的儿子张敖也向各县收得一万多名兵卒，来到巨鹿城下，看见许多前来救援的军队，都远远地环着巨鹿城扎了十几个营寨，没有一个敢上前的。张敖也只得和大家一起扎着兵马，干瞧着。这天，忽然探子报说秦军南边有喊杀的声音。大家都爬上高处观看，却看不见什么动静，只见秦兵南路尘土飞扬，隐隐阵脚移动，料知是楚兵到了，便命探子再去打听。去了多时，探子回来报说："楚兵很英勇，秦兵退了三里。现在扎定了营寨，看模样大约只是前锋，军队不多。"陈馀听了大喜，忙派人迎上去催项羽快快进兵。

项羽接到英、蒲两人捷报，又接见了陈馀使者，知道前线情形。便下令即刻全军渡河，渡过河后把河里船只全数烧掉。还向全军宣布：我们退击秦军，有进无退，所以把船只烧掉。大家看着船上熊熊的火焰，知道后路已经断了，只有努力向前。走了一程，天色已经黑了，便扎营安歇。项羽算着明天可以走到和秦军接触的地方，便绝早起来，吩咐埋锅造饭，除了足够大众吃饱之外，还要准备三天干粮，每人带在身上。随后再烧掉房舍，毁掉炊具。项羽才重新点齐队伍，向全军宣布说："弟兄们听着，我们背井离乡，抛妻别子，为的是什么？为的是要和强暴的秦拼个死活，才能得到永久的安乐，现在章邯军队就在我们的面前了。我们必须奋勇上前，把秦军打败。我们的船也沉了，锅也打破了。想要有东西吃，只有向前的一路，回来是不能了。勇敢点，弟兄们：在这三天之内，我们一定要打败秦军，取得他们的营寨粮食，我们才有活路。"

他的"破釜沉舟"的办法，大大鼓励了全军将士。大家都知道只有三天的粮了，而且也没有退回的希望，便下了决心向前冲去，不消半日时间，早已到达了前线附近。远远望去，只见前面英布、蒲将军两支兵正和秦军厮杀。项羽立刻下令，派龙且、钟离眛分领左右两军，由秦军左右冲进。项羽亲统全军，直取中路。登时鼓声大振，项羽亲自抡起长枪，指挥全军猛烈向前扑去。

　　章邯那天因为一时没有防备，被英、蒲两人占了上风，心里好生不服，欺他们带的军队不多，便整顿兵马，再来迎战。英、蒲两人也知章邯势大，恐怕受了包围，不敢深入。双方正在相持，忽然听见正南方面鼓声震天动地，一霎时尘头大起，旗帜飞扬，漫山遍野的千军万马像怒潮一般汹涌到来。英布大喜，喝叫："弟兄们！努力。我们军队来了！"把坐骑一催，那马便呼啦啦地直向敌阵跑去。蒲将军也把枪一摆，放开辔头，和英布一同冲了上去。楚兵一个个都精神百倍，紧跟着两人一齐卷上。章邯看见对方来势凶猛，连忙指挥将士，死命撑持。一面把旌旗一展，左右董翳、司马欣两军抄到，把英、蒲两人困在核心。对面楚军早已电掣雷轰地像潮水一般一齐涌到。项羽亲自一马当先，带了全军，挟着翻江倒海的威力，不顾一切，踏进敌人队里去。项羽一枝长枪，飞花滚雪一般，挑倒了无数秦兵。楚军将士看见主将亲自冲锋，都勇气百倍。人人奋勇，个个争先。喊杀的声音，像天崩地塌一般，震耳欲聋。章邯虽然也经过许多战事，这般声势，却也抵挡不住。正在竭力相持的时候，龙且、钟离眛两军，一左一右，横冲进来。里面英、蒲两人又率领了楚军，左冲右突。他们知道救兵已到，更加大奋威风，凶猛无比。秦兵夹在中间，被楚兵内外夹攻，冲得七零八落。阵脚一乱，就无法站定。外面项羽简直是一只张牙舞爪的雄狮，引领了健儿们，在阵云里翻翻滚滚：东驰西骤，犹如滚汤泼雪一般，到一处，消灭一处。章邯看见大势已去，只得连忙收了残兵，败了下来。谁知楚兵并不停留，依然喊杀连天地向前穷追。直杀得秦兵四散奔逃，一直退下十里。却得涉间前来接应，方才勉强站住。正要休息一下，楚兵已经赶到，又猛扑过来。章邯大怒，对涉间说："你且带了你部下的生力军向前抵挡一阵。我的儿郎们已经打了一天仗，都还没有吃饭哩！我不信楚兵是铁做的肚子，就不会饿。等我吃饱了饭再来收拾他们。"说罢，便带了残军，依然后退，让涉间一军迎了上去。

这时候，楚兵已经占了优势，更加充满了胜利的信心。人人由腰里掏出干粮，咽了几口，便乘着锐气一直追上。一面冲锋，一面呐喊。个个都像发了疯的老虎一般，横冲直撞，乱砍乱刺。这种凶猛无比的傻劲，就像泰山压顶一般，向着敌人推进。

涉间还没有站定阵势，就被楚兵怒潮般冲上，慌得秦兵手忙脚乱，气先馁了。不消几个回合，便抵敌不住，一步一步退了下去。这时候，章邯的兵还不曾把饭烧熟，没奈何只得抛弃了锅灶，狼狈逃走。楚兵依然紧紧追赶。一路上，秦兵且战且走，不知不觉已经到了巨鹿附近。王离连忙前来接应。秦兵喘息稍定，打算安营休息。

刚刚扎好营盘，埋锅造饭，忽然前后左右鼓声大起，楚兵又四面八方打进来了。秦兵慌得人不及甲，马不及鞍，连忙分头抵敌。昏黑之中，正不知有多少兵马。混杀了一阵，秦兵只得弃了营盘，望北撤退。楚兵一步也不放松，紧紧追赶。这一夜一直混战不停，鼓声威声，闹得天翻地覆。惊动了扎在巨鹿附近的许多救赵的客军。他们不敢轻易离营，只派了探子出外打听消息。知道楚兵已经到了，正和秦兵彻夜鏖战。听得喊杀声音越来越近，料想秦兵已败。眼巴巴地盼到天亮，大家都站在自己营垒的墙壁上面，远远观望。只见秦兵像波浪般，一阵涌进，又一阵退下，拥挤得水泄不通。正南方，楚国的大旗迎风飘卷，战鼓和呐喊的声音惊天动地。大家都提心吊胆，替楚兵捏一把汗。只见楚国军旅随着人浪，一层一层地向北推进，鼓声也跟着越来越近。这才看清楚国的英勇战士一个个赛过斑斓猛虎，在千军万马里，大展威风。枪挑刀砍，所向无敌。一向大家认为最凶猛的秦兵，和楚兵一比，就好像软弱的绵羊。一开始，秦兵还能一进一退地挣扎，到了楚兵胜了一阵，又胜了一阵以后，秦兵实在不能撑持，便完全崩溃了。这时候只看见楚兵像生龙活虎一般，在震天动地的喊杀声中，汹涌着层层怒潮，把秦兵吞没了下去。一层高潮过去，立刻接着又涌上一层高潮。无数秦兵在这潮头里一排一排地倒下，楚兵就践踏着血海尸山，暴风雨般猛挥迅扫。每一个楚兵都足足抵得百十来个敌人。这一场恶战只看得各营里的将士兵丁个个筋酥骨软，胆战心惊。把楚兵简直看得像天神下降，佩服得五体投地。一直看到秦兵狼狈地四散逃奔，各将士才记起自己本身也有救赵的义务，方才大开营门，带了军队冲出助威。自然也兜擒了一些残兵败卒，不必细表。

项羽大获全胜，一直赶到巨鹿城下。章邯落荒逃去。王离措手不及，被楚军生擒活捉。涉间进退无路，也自杀了。甬道被项羽截断，秦兵缺少粮草，又饥又饿，如何还能打仗？登时像失去蜂王的乱蜂一般，纷然四散。不多时，巨鹿城外除了满地尸骸和半死不活的伤残俘虏外，已经看不见半个秦兵。

这时候，楚军已经鏖战了两天一夜，不知打了多少回合的仗。在严寒的天气下，滴着满头大汗，越战越有精神。一个个都全身溅满了敌人的鲜血，依然意气昂昂地拼命追赶，一点也不觉得疲倦。一直到听得一阵阵奏凯的金声，方才洋溢着胜利的笑容，各各奔赴楚国大旗底下，向着主将纷纷报告自己的战绩。一堆一堆胜利品堆积得像山一般。那一股欢欣鼓舞的气氛，真不是言语所能形容的。

赵王歇和张耳在城上看见楚兵那样奋勇，不由兴奋得流下泪来。等到秦兵退尽，两人便亲自出城，到楚军营内，向项羽拜谢。

项羽扎定了营寨，整顿已毕，方才派人延请各国军队的主将相见。各将听得楚将来请，心里都感到无比的敬畏，连忙恭恭敬敬地率领偏将们前来。到了楚军营外，只见辕门大开，刀枪矛戟密密层层地摆得齐齐整整。一枝大楚的帅旗高高矗立，在凛冽的朔风里静荡荡地飘扬着。左右两边，一排一排全是威风凛凛的将士，个个面带神威，雁翅般排列着。二十万大军，鸦雀无声，站在那里，就像石头一样，这就可见这位主将的军令是怎样严明了。各将军低着头小心翼翼地走到了辕门。隐约望见正中军帐的座上，坐着一位凛若天神的少年将军，那一派森严气象，使得大家连正眼都不敢向他看一下，不由自主，扑通通地一齐跪了下去，用膝头代替了两只脚，匍匐着进了辕门，叩头行礼。

在这样惊人的神勇下，项羽树立了无比的威信。各国诸将都心甘意愿地列在项羽帐下，听从指挥。项羽成了各国共同的上将军，各国军队都隶属于他的麾下。

张耳见了陈馀，怪他不肯进兵，抱怨了许多话。又问张黡、陈泽的下落。陈馀说："实在因为秦兵势大，不敢进兵。可是张黡、陈泽都不信我的话，一定要试试，结果都失陷了。"张耳吃惊地说："怎么，两人都死了？我不信。我叫他们来责问你，莫不是被你杀了？"陈馀生气了，说："你也太多疑了，我何至这样？"两个人吵了起来。陈馀赌气把将军印绶解了下来，掷在桌上说："你以为我舍不得这劳什子吗？我不干了。"张耳看见陈馀真的动气，倒怔住了。两个人赌气不说话。好半天，陈馀出去解手。张耳的门客都恨陈馀不肯救援，便劝张耳把将印收回，自己执掌兵权。张耳余怒未消，给大家一劝，便把将印挂在自己身上。陈馀回来，一看桌上的印已经没有了，心里更加有气，一句话也不说，翻身就走，带了自己心腹部下，自去泽中渔猎为生。从此两个极要好的朋友变成了生死冤家。

张耳带了赵国军队，跟随项羽一同进攻章邯。章邯收集了残兵败卒，守住漳水，不敢和项羽开战，却派司马欣回到咸阳禀报军情，请求添兵。司马欣到了咸阳。过了三天，赵高不肯见他。司马欣探知赵高存心不良，恐怕惹祸，连忙从小路逃回军中。赵高果然派人来追，却没有追上。

司马欣到了军中，告诉章邯说："现在大权全在赵高手里，什么理都不能说。我们打赢了，赵高一定妒忌我们的功劳；打输了，赵高又要办我们的罪。反正都是一个死。我们得趁早打算。"章邯听了，心里十分忐忑，却又委决不下。忽然报说陈馀派人送了一封书信来，章邯打开一看，里面也是劝章邯趁早投降，一同攻秦，还不失封王的地位。要是替秦出力，只有死亡。章邯看了，长叹一声，细想起来，实在无路可走，只得派人和项羽商量投降。

项羽记着章邯杀死项梁的仇恨，不肯答应，又派蒲将军乘夜渡过三户津（在今河北省临漳县南）偷袭章邯营盘，把秦兵打得大败。项羽亲统大兵随后进攻，章邯没奈何又派了司马欣请求投降。司马欣和项梁有过交情，替章邯婉言申说。项羽看在司马欣的面上，又因为军粮不多，便和诸将商量，允许章邯投降。

章邯订好降约，见了项羽，说到赵高怎样对待自己，不觉伤心流泪。项羽用好言安慰，立他做雍王，安放在自己军中。另派司马欣做上将军，带了二十万降兵，当先开道，一直向函谷关进发。

这些秦国的降兵都是关中人。从前各国义军被秦差派在关中当差的时候，多半都受过秦国的气。因此楚军对这些投降的兵士，不免呼来喝去，把他们当奴才看待。降兵受了虐待，心里自然抱怨，背地里三三两两诉苦起来，都说："我们原有父母妻子，住在关中。现在章将军骗了我们，投降楚国。假若打赢了秦国，我们一家团聚，固然是好。假若打不赢秦国，我们父母妻子一定被秦国杀光，而自己也一定被楚军带到南方去做奴隶，岂不更糟？"

这些话渐渐传播开了，将士们也颇有所闻，纷纷报给项羽知道。项羽细想秦的降兵还有二十多万，万一到了紧要关头，变动起来，岂不要影响全局？便唤进英布、蒲将军两人，命他们带了部下秘密行事。

两人奉了命令。等到夜里，项羽派人唤司马欣来。司马欣离了营，英布便带兵杀进营去。秦兵已经安睡，措手不及，只得四散逃走。英、蒲两人早已布下埋伏，三面包围，只留营后一条小路。秦兵无路可走，都向营后拥去。这条小路旁边正是山谷，黑暗之中，自相践踏，都扑通扑通地跌下谷中，送了性命。英、蒲两人率同部下渐渐越围越紧，把秦兵二十多万人完全挤到了谷底。只剩下章邯、司马欣、董翳三人。

项羽坑杀了秦兵，依然带了全军向西进发，自以为咸阳唾手可得。却不料到了函谷关，关上已经插满了大楚旌旗，严密把守。原来当项羽和章邯相持的时候，刘邦早已趁空儿打进了咸阳。

却说刘邦接受了怀王命令，攻打武关，一路收集陈胜、项梁的溃散兵卒，渐渐也有几万人马。经过韩地，遇见张良，刘邦命韩王成守住韩地，招张良带了韩兵一同西行。到了南阳，南阳郡守守城不出。刘邦想一直引兵绕城过去，张良说："这不行。我们前面有强敌秦，万一打不赢，后路给南阳截断了，多么危险！"刘邦细想有理，又回兵围住城池。南阳郡守急得没有办法，想要自杀。他的舍人陈恢阻止他，说："不要忙着死，且等我出去接洽一下，再死不晚。"陈恢便缒下城来，求见刘邦，说："我听说楚王有约，谁先打进咸阳的，谁就做秦王。现在你留在这里攻打城池，就一定延误日期。要是打不下，后路留下敌人，也不妥当。还不如和郡守约好，就封他做侯，留守南阳，把南阳精兵带走。这样，所有城池一定都开门接你。你就可以直抵咸阳，一点也不会耽搁了。"刘邦听了满心高兴，就叫陈恢进城，和郡守说妥，封其为侯，带兵走了。果然一路没有半点耽搁，一直到了武关。

武关守将想不到楚兵来得这般迅速，没有防备，一下子就被刘邦打败，把秦的将士兵卒完全屠杀了。这个惊人的消息传到了咸阳，吓得那一向弄权的赵高手足无措。

赵高自从做了丞相，一味欺骗二世，什么事情全不让二世知道。还怕有人会告诉二世，又故意拿了一只鹿献给二世，说是献马。二世命他牵来，一看，却是一只鹿，不由大笑，说："丞相弄错了。这是鹿呀！怎么说是马呢？"赵高回奏说："这的确是马，并不是鹿。"二世听了，心里疑惑，便问左右："你们看，这难道是马吗？"大家明知是鹿，但是不敢说话，恐怕得罪赵高。有几个也顺了赵高口风，说是马。有几个老实回答，说是鹿。赵高把说鹿的人暗暗记下。过了几天，便借故把这几个不会说谎的人尽数办罪。从此再也没有人敢说半句真话。

过了几时，赵高又故意把青色说是黑色，把黑色说是黄色，任意胡说，察看左右还敢说话不敢。左右自然只好随声附和，没有人敢说真话。赵高便更加放胆。二世却被弄得糊里糊涂，疑惑自己眼睛有了毛病。一夜，二世梦见自己驾车出游。忽然路旁跳出一只白虎，把左边驾车的马一口咬死。蓦地惊醒，心里更加不乐。便唤掌管卜卦的太卜来，叫他卜看是什么原因。太卜已经受了赵高指示，便谎奏说："这白虎是泾水的神，托了梦兆求祭。"二世想起泾水附近有一座离宫，是秦始皇建筑的，可以眺望北夷，名为望夷宫。正好到那里斋戒祭泾。说起斋戒，是古时一种重大典礼。在祭祀以前，主祭的人必须独住安静的房内，不吃荤腥美味，不近娇姬美女，不听繁杂的音乐，少则三天，多则七日，称为斋戒。古人以为只有这样，才能和鬼神接近。二世平素享福惯了，要他斋戒真是一件难事。但赵高的用意是要二世隔绝外人，独自静住。既可以遮瞒消息，一旦有事，也容易下手。二世受了他的欺骗，便起身去望夷宫斋戒。

赵高和女婿阎乐商议道："现在外兵已经打破武关，若被皇帝知道，我一定要受严刑。不如先下手，除去皇帝，另立别人。"便派阎乐带了一千多兵士去围望夷宫。一面把阎乐的母亲抢来，关在赵高家里，做个押当，以免阎乐翻悔。一面派人去和刘邦联络，愿意除去二世，由赵高和刘邦平分秦国。

阎乐带兵到了望夷宫，喝命把护卫宫门的卫令捉下，说："你好大胆，如何放贼进宫？"卫令分辩说："宫门防守得十分严谨，哪会有贼敢进来？"阎乐不由分说，喝命把卫令杀了，带兵一直冲进宫去，一面走，一面射箭。卫兵看见卫令被杀，不知什么缘故，都惊散了。也有上前格斗的，都被杀了。杀死几十人，箭一直射到了二世居住的地方。二世大怒，吆喝左右抵抗。左右都急忙逃走，没有一个上前的。只剩下一个宦者，站在二世旁边。二世对他说："你为何不早一点告诉我，弄到这般地步？"宦者说："臣因为一向不敢多话，才能活到今天。要是早说一句话，早被杀死了，哪能活到现在呢？"

阎乐走近二世，大声说道："你一向乱杀无罪的人，现在天下都已经反了，你快点打算吧！"二世这时候再也不能顾及皇帝的威风，只得哀求道："我可以见一见丞相吗？"阎乐道："不能。"二世又哀求道："我愿意退位，在一个小小的郡做王就够了。"阎乐板着脸说："不行。"二世又哀声求告说："做一个万户的侯也可以。"阎乐又厉声说："不行。"二世哭泣着说："做个小百姓也罢。"阎乐不耐烦地说："我受丞相的命令，替天下人民要你的性命。你说的许多话，我不敢传达。"说罢伸手一挥，左右兵士都挺起刺刀，一拥而上。二世一见形势不好，只得拔出刀来，自刎而死。二世在位不过三年，死的时候才二十三岁。

阎乐回报赵高。赵高一心要想自做秦王，但是秦宗族还多，恐怕他们不服。便召集了大臣和公子们，对他们宣布二世已经死了。并且说："秦本来是个王国，因为并吞六国，才称皇帝。现在六国纷纷自立，秦依然只有从前地盘，不好再称皇帝，只能称作秦王。公子里面，只有公子婴贤明仁爱，节俭小心，百姓都爱他，应该立做秦王。"大臣们一向惧怕赵高，谁敢不依？赵高便用平民的礼节，把二世埋葬了。通知公子婴斋戒五日，祭祀秦祖先，接受皇帝的玉玺。

何以秦汉

公子婴原是始皇的弟弟，平素为人正直。当二世杀蒙恬的时候，公子婴曾经苦谏。二世因他深得人心，不便加罪。现在听说赵高要立他做秦王，心里明白赵高不怀好意，却又不敢推辞。便遵依惯例，到斋宫斋戒。背地和两个儿子商议说："赵高杀了二世，要想立我做他的傀儡。我听人说，他老早已经和关东的诸侯们接洽好了，让他做秦王，把秦的宗族杀光。现在不过因为怕人心未服，假装拥立我。等我到庙祭祀祖先的时候，前后左右都是赵高心腹，那时他一定会下毒手。我必须想个先下手的方法。"父子三人商议停当，唤来心腹宦者韩谈，共同秘密行事。

过了五日，赵高派人来请子婴到庙，祭告祖先。子婴推辞身体不快，不肯前去。赵高一连派了好几个人来催请，子婴总是不去。赵高着急，便亲自到子婴斋宫来请。宦者说："公子在内静卧，吩咐不许进去扰他。"赵高便把跟随的人留在外面，自己一人昂然直入，果然看见子婴一人倚着枕头，坐在床上。赵高便上前问好，说："今天是我王拜见祖庙，接受玉玺的好日子。这样重大事情，为什么不去？"子婴且不发话，却唤："两个孩儿快来见过丞相。"两个儿子由床后走出，一左一右捉住赵高的手，韩谈由背后走出，手起刀落，将赵高砍倒地上。子婴唤进左右，召集大臣宗族们前来，宣布赵高罪状，吩咐把赵高尸身拖出车裂。一面派人捕捉阎乐等一班狐群狗党，尽数杀掉。子婴方才正式祭告祖庙，立为秦王。派兵分守各地。

那赵高派去和刘邦联络的使者，刚到刘邦军中。刘邦和张良、萧何等人商议，赵高是秦国的罪魁祸首，不能和他合作，便拒绝了。一面沿路多插旌旗，虚张声势，好像有几十万大军的样子，吓得秦地各处守将个个心惊，望风投降。刘邦又用张良的计策，一路对老百姓秋毫无犯，尽力宣传秦的暴虐罪恶，说明义军完全是为了拯救人民而来。使得各地人民都踊跃欢迎，进军更加迅速。没有几天，便到了峣（yáo）关（在今陕西省蓝田县东南）。这峣关是武关西边的险要地方，前据峣岭，后枕蒉（kuì）山。关城就筑在山口要路，大有"一夫当关，万夫莫开"的形势。子婴已经派了将军带兵把守。

刘邦看见峣关有兵把守，便要派曹参、樊哙带兵二万攻打。张良连忙阻住，说："现在秦兵还很强，峣关又是天险。费力攻打，未必有把握。臣听说这个守关的秦将，本是一个商人，容易被金钱收买。我们不如一面在附近多插旌旗，派人在前队预备五万人的伙食，让秦将看了害怕。一面派人带了金珠宝贝去贿赂秦将。这样，秦将一半怕死，一半贪财，一定献关投降。"刘邦依计。秦将看见漫山遍野都是楚国旌旗，不知虚实，吓得紧紧关着关门。又听见探子报说前锋马上就要到了，正在赶办五万人的粮食。秦将暗想：前队就有五万，那么全军最少也得二三十万人，这如何抵抗？正在惶恐时候，忽然又报说楚军派有使者前来。秦将叫放他进关，却是一个儒生模样的人，自称姓郦，名唤食其（音异基），带了黄金百镒，明珠一斗，送给秦将。秦将看见许多金珠，又惊又喜，查问来意。郦生说："现在秦快要灭亡，无人不晓。沛公一路进兵，凡是和楚合作的都得了高官厚禄。只有将军固守关口，未免不达时务，因此特派我前来接洽。楚军势力如此浩大，将军何必为了将亡的秦和楚争战？依我看，不如双方连和，一同攻秦，才是上策。"秦将欣然答应，便派了心腹跟郦生出关，到楚军订约一同攻打咸阳。

刘邦看见秦将果然愿意合作，便想答应。张良又连忙阻住说："不行，不行。"刘邦诧异说："这计划不是你定的吗？为什么又不行了？"张良说："这不过是秦将个人贪利怕死，愿意投降。他手下秦兵还多，未必个个愿意。我们且不要答应，应该趁着这机会尽力攻打，一定可以取胜。"刘邦又依了他的计策，把使者留下，一面派兵由蒉山绕到关后，乘夜进攻。

秦将派去使者，以为已经订约连和，可以安心，一点也不做准备。不想睡到半夜，忽然喊声大起，楚兵由关后打进来。秦将大惊，慌忙起来。同时关前也漫山遍野地涌来无数灯球火把，喊声震天，直扑关门。秦兵都由睡梦中惊起，不及抵敌。火光中曹参提着大刀，首先扑上关来，一刀砍倒了关上守兵，楚兵跟着都上了关。秦将只得带了残兵向西逃去。刘邦进了峣关，乘胜向西追赶，赶到蓝田，又打了一个大胜仗，秦的最后抵抗力完全消灭。长驱前进，一直到了咸阳附近的霸上地方。

秦王子婴刚刚接位一个多月。内政方面被二世、赵高弄得一塌糊涂，还来不及整理改革，军事方面又接连收到许多败报。关外章邯大军已经被项羽全数消灭，关内各地方又都望风迎降刘邦。咸阳再没有可以抽调的兵力。没奈何，只好投降楚军。

这一天，子婴穿了平民的衣服，脖子上系了一根丝带子，表示自己是一个犯罪的人，乘坐了平民用的素车白马，把皇帝所有的玺印符节都封好了，带到咸阳东北的轵（zhǐ）道亭上，向刘邦投降。自从秦始皇统一中国到子婴降楚，共计只传了三世，十五个年头。子婴自己仅仅做了四十六天的秦王。

楚军将士大半为农民出身，对于秦的暴虐是十分愤恨的，纷纷向刘邦请求把子婴杀了。刘邦却另有一番见解。他说："当初怀王派我来，就是因为我比较宽大的缘故。现在他已经投降了，如果再把他杀死，也不大好。"便吩咐把子婴看管起来。

子婴既然投降，咸阳用不着攻打。刘邦便把大军十万都驻扎在霸上，自己带了一班重要人员进城。看见了金碧辉煌的宫殿，眩得眼睛都花了，刘邦自然毫不客气地一直走进秦宫去。只见里面的宫殿楼阁密密层层，数也数不清。没有一个地方不是嵌玉镶金，闪闪烁烁地发射出五颜六色的光彩，还有无数如花似玉的美女，真好像天宫一般。刘邦这里看看，那里望望，觉得无处不好，看得头昏目眩，心花怒放。便坐了下来，痴痴地望着许多珠光宝气的铺张陈设，记起他从前到咸阳的时候。那时只看见出行的秦始皇，羡慕他的尊贵地位。想不到自己今天竟然能够走进秦宫，做了始皇的替身。而且怀王明明说过："谁先打进咸阳，谁就是秦王。"这个宝座准是自己坐定。这些美人宝物自然也是自己所有。刘邦想到这里，浑身好像雪狮子向火一般，融化得瘫软了。这时候，他老早把一切忘得一干二净，只想自己也像秦皇帝一般，快活快活。

当刘邦正在神魂颠倒的时候，带来的许多将士也都去打开府库，把金珠宝物抢夺一空。只有萧何原是县掾（yuàn）出身，颇有远见。他独自跑到秦丞相府里，把所有记载全国租税钱粮的图籍都搜集起来，以便将来管理一切。

大家搬到天黑，还不见刘邦出来。樊哙的妻子和刘邦的妻子是同胞姊妹，所以樊哙和刘邦算是连襟，自然加倍关切，便跑进宫来寻找。好容易找到刘邦，正在秦宫里面尽情享受，一点也没有动身的模样。樊哙看见他着迷的神气，又好笑，又好气，便上前催促说："天快晚了，好回军中休息了！"刘邦懒懒地说："我不回去了！就在这里住下！"樊哙着急说："这怎么能行？你想要做个富翁，还是想要得天下呢？"刘邦说："自然是要得天下。得了天下，这些东西不都是我的了吗？"樊哙板着脸说："既然要想得天下，那么就不看看秦的榜样吗？秦就是因为有了这许多宝贝、美人、宫殿、排设，才弄到今天亡国的地步。你要这些东西有什么用？你也想灭亡吗？快一点走，还是回到军中去，别留恋这些害人的东西。"刘邦哪里肯走？看着这边几个美人，又瞧瞧那边几个美人，留恋难舍。正在推托的时候，忽然外面又走进一个人来，却是韩人张良，他也向刘邦劝告说："秦做了许多不合理的事情，才弄到这般下场。我们起兵，就是为了替天下人民除害，应该要树立起廉洁正直的模范。现在一进秦的宫，便想享受，这不是和秦一样吗？樊哙的话是对的，应该接受。还是早一点走吧！"刘邦听他们一说，也觉得拗不过正理，只得勉强站起身来，叹了一口气，跟着两人，拖着疲乏的身子，走出宫去。一面走，一面还再三回头去东瞧西看。这时候，他心里实在恋恋不舍，可是想到将来自己反正要做秦王，这不过暂时大方一下，也就硬着心走了出去。

刘邦出了宫门，便吩咐把宫门严密看守，府率机关都好好封锁起来，不许挪动。自己带了将士依然回到霸上居住。一面分头召集咸阳地方的父老们前来谈话，由刘邦对他们宣布这次起兵的宗旨。他说："诸位都受够了秦的暴虐压迫，在许多年的虐政底下，随时都有死亡的危险。谈论国事的，便被指为诽谤造谣，要受到全家抄斩的惨刑。就是偶然谈话，也要得到斩首的罪。这是什么法律？我和诸侯约定，先进关的就做王。我应当做这个地方的王。现在我和你们约定三章法律，就是：第一，杀人的应当偿命；第二，伤人的应当按轻重办罪；第三，偷窃人家东西的应当赔偿。除了这三件外，所有秦的法律都完全除去不要。大家都按照本来的职务，照旧做事，不必害怕。我们起兵的目的，就是要拯救你们，不是要难为你们的。你们尽管放心好了。我所以要在霸上驻扎军队的缘故，也不过是要等待诸侯到来，大家共同商量，并没有别的意思。"说罢，就派了许多军吏，跟着父老们一同出去，到各地传达。

秦地人民受够秦的残杀，这番看见楚军到来，心里虽然也希望他们打倒残暴的秦，却又怕楚军的骚扰，更怕换了新的皇帝，也和秦一般暴虐。大家都提心吊胆。后来看见楚军并不掳掠屠杀，很是奇怪。现在听见刘邦这一篇话，把秦的虐政一起废除，好像替他们拉脱了一身铁索，个个浑身都舒服起来，登时一传十，十传百，大家欢喜得像发狂一般，纷纷把自己家里可吃的东西，牛呀，酒呀，都搬出来，送到霸上去慰劳刘邦的军队。

刘邦看见他们这般热烈的欢迎，更加谦让不受，说："这都是你们自己辛苦得来的东西，应当留着自己吃。咸阳仓里的米谷已经够多了，军队不愁没有吃，别让你们费心。"人民看见军队不但不拿人民的东西，连送来的都不收，更加佩服。个个都巴不得刘邦真做了秦王，他们就可以有好日子过了。

刘邦这番举动，自然是张良、萧何们教他的。他也的确有一种别人不容易

第六回 | 战巨鹿项羽沉舟　入咸阳刘邦约法

赶上的优点，那就是他乐于听取别人的意见。所以他这番做得十分成功。

刘邦既然决心要占有秦国的地方，听见章邯已经全军投降项羽，项羽封他做雍王，就要入关，不由心里着忙起来。原来雍地（现在陕西省凤翔县南）离咸阳并不很远，章邯做了雍王，可见项羽是答应把关中地方封给他了。这块到口肥肉如何舍得让给别人？这时候也来不及考虑，连忙派了军队去守住函谷关，打算不让各国的兵进来，自己就可以稳稳地做定秦王了。

但是项羽是好惹的吗？他费了九牛二虎之力，在巨鹿血战九阵，好容易把章邯的主力完全消灭，才统率了各国诸侯，带领四十万大军，长驱入关。谁知来迟一步，被刘邦轻轻巧巧地抢去了到口的馒头，还要请他吃闭门羹，这在寻常的人都免不了愤怒，何况性如烈火的项羽呢？自然惹得他暴跳如雷，立刻唤来英布，命他火速攻打函谷关。

英布即刻带兵攻关。关上守军不多。英布等轮流攻打，片刻都不休息，瞅个空儿，便纷纷爬上关来。守关兵只得逃走。关门已破。项羽火速催兵进关，直往咸阳而来。到了戏的地方。当初周文曾经到过这里，被章邯打败。想不到仅仅两年光阴，章邯自己也跟着起义军队同来了。

项羽正在一腔愤怒的时候，忽然有人前来求见。项羽唤他进来，查问原因，这人叩头说："小人是沛公军中左司马曹无伤派来的，有机密事禀上大王，这次沛公入关，把秦宫的宝贝美人尽数占据，打算自己做秦王，用子婴做丞相。曹司马想要劝谏，恐怕沛公会杀他。只得派小人前来禀报，曹司马是不敢跟着沛公胡为的。"项羽听了，更加火上添油，喝叫这人退去，便吩咐全军就在鸿门（现在陕西省临潼县东）地方暂驻一夜，明天一早饱餐，进攻刘邦的军队。

军令刚下，又报亚父前来。项羽收了怒容，向前迎接。原来亚父并非别人，就是范增。自从项羽做了上将以后，就把范增尊称为亚父，意思是待他如同父辈一般。一切计谋，都和范增商量。范增也都尽心替他筹划。当时项羽见了范增，范增便说："刘邦从前是个酒色之徒，贪财好货。这次入关，秦宫美女财宝不计其数，他却一点没有沾染。这人志向不小，不要轻看他。我听说他还对人民用了许多手腕，将来一定是一个祸根。千万不要让他走脱，非将他除掉不可。"项羽连连点头，下令明日起兵，这正是：

　　落井有人偏下石，入关无故忽兴波。

第七回
宴鸿门项庄舞剑
拜大将韩信登坛

第七回　宴鸿门项庄舞剑　拜大将韩信登坛

项羽军令一下，四十万大军都遵令驻扎在鸿门，预备明天厮杀。兵家讲究宣传，四十万兵马对外是号称一百万的。刘邦虽然也号称有二十万兵马，实际上却只有十万。别说项羽是怎样英勇无敌，光是军队数量已经比刘邦多了几倍。打起仗来，自然不费什么吹灰之力，就可以完全解决的。

这边项羽全军正在摩拳擦掌，准备一切，却惊动了一个人。这人姓项名伯，是项羽的叔父。他从前犯了杀人的罪，逃到张良家中，张良把他藏匿起来，躲过了一场大祸。现在听说项羽要打刘邦，他知道张良这时候正在刘邦军中，明天打起仗来，一定很危险。想起从前张良待他的情谊，不能袖手旁观，便私自骑了快马，跑到霸上刘邦军中来找张良。

张良看见项伯独自赶来，知道一定有重大事情，连忙动问。项伯从头细说，如此这般，明天一定交战，那时难以脱身，不如今天赶快跟我走，才是上策。

张良听了，心里大惊。暗想刘邦势力万万敌不过项羽，一动起手，性命难保。但是自己既然在刘邦军中，情谊也不浅，到了危急关头，撒手自去，似乎也说不过去。便向项伯称谢，说："你是一片好心来叫我走，可是我是替韩王送沛公来的，来得光明，去也得明白。现在沛公既然有这般大祸，我只顾自己，脱身走了，在朋友交情上，是一种不义的行为。我应当向他说个明白，再走不晚。"项伯迟疑地说："他要是不放你走呢？"张良说："那不要紧。请坐一坐，我进去说明白了，好跟你走。"项伯只得说："那么快一点，天就要黑了。这里到鸿门还有三四十里路呢！"

张良稳住了项伯，便走进刘邦营里，把项伯所说的话，一五一十告诉刘邦，明天一早项羽便要前来厮杀，如何是好？刘邦听了，顿时目瞪口呆，好一会儿才说："糟了，糟了！这怎么办？这怎么办？"张良看刘邦急成那种样子，便问他道："是谁劝大王派兵守关的呢？"刘邦恨恨地说："都是他们劝我说，守住关，别让诸侯进来，就可以完全得到秦的地方做王了。这真是该死，该死！"张良说："大王自己想一想，大王的兵力能抵抗得住项王吗？"刘邦不吭声了，停了一会才答应说："那是当然比不上的。现在我怎么办呢？怎么办呢？"一面说，一面伸起手来，拼命抓着脑袋。

张良微微含笑："既然打不过，那只得讲和了。请和项伯说明，托他疏通疏通，说是沛公不敢违抗项王。这样或许可以大事化小，小事化无。大王想，这好不好？"

刘邦听了，忽然脑筋一动，连忙问张良说："你是怎么认识项伯的？"张良说："从前常在一处见面，有点交情。后来他杀了人，我把他藏匿起来，救了他一条命。现在他知道事情紧急，所以来告诉我。"

刘邦说："你大还是他大？"张良说："他比我大几岁。"刘邦："好极了！请你替我请他进来，让我把他当作老大哥一般看待。"

张良答应了，便急急走出去。项伯已经等得不耐烦了，一看见张良，便催促说："说明白了没有？好走了吧？"张良很从容地含笑说："说是说过了。沛公不相信。他说，他并没有对不起项王的地方，项王不会这般动怒。要请你进去，说个明白。"项伯说："他不信就不信好了。你走你的。"张良说："那可不行。他不信，自然就不肯放我走，还以为我是吓唬他呢！说不得，只好请你进去和他说一说，他才相信。"项伯本来不愿意去见刘邦的，但要拉张良一同走，就没有那么干脆。没奈何便跟了张良一同进去。

那时天已经黑了。两人走到刘邦营外，只见火把高烧，刘邦恭恭敬敬地站在营外，向项伯深深鞠躬，慌得项伯连忙答礼。刘邦闪开一旁，让项伯先走，非常客气。项伯倒觉得有点难为情起来，只得走进营内。营内早已明晃晃地点起两排大烛，一桌极丰盛的酒席陈设得整整齐齐。刘邦再三谦让，请项伯上坐。张良在旁坐下，刘邦自己坐了主位。项伯由鸿门来了半天，肚子正有一点饥饿，也就不客气坐下。刘邦捧了金杯，斟好美酒，敬项伯一杯。这时候正是腊月天气，寒冷得很，暖烘烘的热酒正是御寒妙品，项伯自然接过，一饮而尽。刘邦又拿起酒壶再斟一杯，一面敬酒，一面说："难得大哥今天莅临敝营，真是三生有幸。天气太冷，请大哥多喝几杯。"说着又殷勤地劝菜，送到项伯面前。

项伯看见刘邦这样殷勤，也觉得不便开口，只好边吃边喝。刘邦这才慢慢说："我自从离开项王，差不多一年多了。这一年里的事情，真是说不完。总算叨了大哥的福，能够打进咸阳。想起当初武信君和项王待我的情谊，一天也忘不了。我能够有现在的日子，都是项家一手提拔的。人不是木头做的，哪能一点不识好歹？所以我一到咸阳，就把宫殿府库完全封锁起来，一根草也不敢动。秦降王子婴以及官吏人民，我也都不敢擅自分发，一五一十地登载在册子里，清清楚楚，专等项王到来，我好双手献上，以表我一点忠心。这一个月来，提心吊胆，日日夜夜地盼望，只盼望项王早早来到。所以派兵守关，是因为恐怕有意外事情，哪儿敢有背叛项王的心意？不知道谁造了这般伤天害理的谣言，惹得项王动怒，真使我惶恐万分。大哥试想，我受您项家的大恩，一点还没有报答，满想这次尽一点儿心，希望得到项王欢喜。凭空倒得个忘恩背义的恶名，这岂不是天大冤屈？难得大哥今天莅临，务必替我向项王表白表白。"说罢又恭恭敬敬地进上一杯美酒。

项伯本来不愿意和刘邦多说的，现在却被他谦恭的礼貌和甜蜜的言辞打动了，也就随口敷衍说："是的，我也想你是不会这样的。"一面说，一面接过酒杯来。

张良看见项伯口气很松，便帮着刘邦说："这次的事情真是冤枉，沛公哪里会有这样的心？他还满心高兴，因为项王来了，好卸下这肩重担，想不到有这样误会。大哥，你务必帮帮忙，替他解说解说。我想项王不会怎样怪沛公的，这都是旁人不好。他们妒忌沛公的功劳，就造这样的谣言。要是项王听了他们的话，赏罚不明，将来还有谁肯这般忠心替项王做事？不说别的，就说咸阳宫里许多美人财宝，沛公一点也没有沾手，原封奉献，这难道还不够表明他的忠诚心迹吗？"

项伯是受过张良大恩的人，张良这样帮着沛公说，项伯却不过张良面子，只得答应说："好的，我回去一定向项王解说解说。"刘邦连忙斟满了一杯酒送上，感激万分地说："大哥真是有肝胆的人，这样帮忙，我刘邦一辈子也不会忘记。大哥有几位令郎令爱？"项伯随口应道："小儿小女都住在家乡，没有带来。"刘邦说："令郎几岁了？"项伯说："最大的也不过二十岁。"刘邦立刻满脸喜色，："好极了，我有一个小女，今年十六岁了。大哥如若不嫌高攀，我们就结为儿女亲家，永远合作。"说着，就斟了一杯酒，递与张良，说："有劳做个媒人，也表我对项家感恩图报的一点小意思。"

张良接了杯子，笑着对项伯说："你总不好抹我这个面子吧！从此项、刘两家成了亲戚。我也叨扰几杯喜酒。"

项伯已经吃过几杯酒了，经不起沛公、张良一吹一拍地撮合，自然也就笑着默认了。刘邦趁势又说了几句亲热的话，再托他向项羽美言。项伯本是没有成见的，就认真答应替他去劝项羽，又说："这得你自己去见项王赔个话，要早一点去，才行。我自然替你说话。"刘邦满口答应，又说了许多感谢的话。

一席酒罢，刘邦亲送项伯上马，叮咛了许多话。项伯辞别出来，急急加鞭，趁着月色，一直跑回鸿门。项伯下了马便到项羽帐中，时已三更，项羽还没有睡。项伯便把今天刘邦所说的话，告诉项羽，说："他说，原要把关中一切保存得好好的，交给你，并没有违抗之意。我们无故去打他，实在说不过去。这次要不是他先把关中打破，我们也不能这般顺利进来。他建了这样功劳，却一点不敢自专，什么都原封不动，静等我们来接管，这也算不错了。我们反去攻打他，未免太不合理。还不如趁他来赔罪，就好好看待他。也显得我们大量。"

项羽原是吃软不吃硬的人。谁要和他别扭，他就要硬干到底，哪怕刀山剑树，也要闹个天翻地覆。可是要和他好好讲，他却也怎么说都可以。现在项伯是他的叔叔，和他细讲刘邦是怎样服低做小，怎样惧怕自己，心里的怒气就平了一半。再说到秦的一切东西财宝、官吏人民，刘邦全没有沾手，完全听候自己支配，也觉得似乎刘邦是一个有功无罪的人，自己不应该听了外人的话，就这般生气，便点头答应，说："如果刘邦真是这样，那我也就不必和他计较了。"

项伯一见项羽答应，满心欢喜，便安睡去了。

第二天，天色刚刚大亮，全军开始预备早餐。刘邦已经带了张良、樊哙和一干亲信人员，一百名卫兵，一共一百多人来到鸿门请见。自然他也知道这番是冒着极大的危险来的，但是借了张良和项伯的关系，不得不硬着头皮，来走一趟。

项羽闻知刘邦果然来了，便传令唤入。刘邦带了张良一同走进辕门，向项羽深深施礼，十分恭敬，一面说道："臣和将军同心协力共同攻打暴秦。将军在河北大展神威，把秦的军队完全消灭。臣在河南和秦的零星小股兵队交战，想不到托将军的福,能够先进了关。今日又在这里拜见将军,真有说不尽的欢喜。不知是哪个小人造作谣言,让将军对臣起了误会。这叫臣心里万分惶恐不安。今天特地前来谢罪,还望将军原谅。"说罢又深深施了一礼。

项羽原和刘邦共事过一时,彼此相熟。刘邦这时候已经五十岁,比项羽年龄大了一倍,向来是平等相称的。现在刘邦对项羽谦卑得如同下属一般,说的话也十分恭顺。项羽不由怒气全消,倒觉得有点过意不去,便立刻回答说:"这都是沛公左司马曹无伤对我说的。要不是这样,我也不会对你误会。"说罢便请刘邦坐下,谈说了一些闲话。又吩咐排设酒席,留刘邦同饮。

那时还没有桌椅,习惯还是用席子铺在地上。坐的时候,是把两只脚齐并着跪在地上,整个身体就坐在两个脚跟上,称为"危坐"。这种坐法,现在看起来,实在很不舒服。所以那时讲究铺上很厚的席,使座位温软一些。楚国风俗以左边为尊贵,座席的方向也以坐西向东为尊。当时项羽设宴留刘邦饮酒,自然也是这般排设。项羽自己并不客气,便邀了项伯在西边坐下,上面请范增坐,却请刘邦坐在东边。张良是跟刘邦来的,自然坐在下首。一席酒五个人同饮,却各各怀着不同的心情。刘邦心里捏着一把汗,巴不得早点脱身,却又不敢不装作没事的样子。桌上虽然摆满了山珍海味,他只觉得如坐针毡一般,简直辨不出吃的是什么滋味。张良心里也是暗暗替刘邦着急。项伯新结交了这位儿女亲家,处处留心替他设法。项羽却是没有心眼的人,看见刘邦已经十分服低,便也不想和他为难,依旧和刘邦有说有笑,互相劝酒。只有范增一人本来力劝项羽除去刘邦,现在看见刘邦自来送死,心里十分高兴,满想项羽只消喝左右把他拿下,便可了结。谁知项羽并不动怒,反留刘邦饮酒。他心中暗暗着急,只恐失去机会,当着刘邦面前,又不便说话,瞅着空儿便向项羽递个眼色。刘邦吓得要死,项羽却只当没看见。范增急得没法,只得拿起自己身上所佩的玉玦,悄悄给项羽看。原来古时男女都有佩玉的风俗。玉玦的形状如同半规月亮，是常佩的一种，因为"玦"的读音和"决断"的"决"相同，玉玦就常常作为决断的象征。范增举起玉玦的意思是催促项羽尽快决意除去刘邦。刘邦、张良如何不懂？只吓得心头小鹿乱撞，却又不得不假装镇定，好像没有看见一般。

范增举起玉玦，又连连使了几个眼色。项羽偏不开口，依然和刘邦饮酒。范增举起好几次玉玦，项羽只是不理。范增心里像火烧一般，暗想要是失去这个机会，将来一定后悔不及。想了一会，便托词离席，走出营外，私下唤过项羽的堂弟项庄，对他说："现在刘邦正在里面喝酒。这人不除，后患无穷。君王做人面软心慈，不肯把他拿下。你可进去劝酒，劝罢酒，便请舞剑，瞅空把刘邦一剑砍死，除去后患。要不这样做，你们将来都要被他俘虏了去。那时懊悔就太晚了。"

项庄答应了，跟着范增，一前一后走进营来。刘邦看见范增出去，知道他又是去算计陷害自己的，好生忐忑不安。现在看见他带了项庄进来，明知一定不怀好意，又不能不客气地招呼。只见项庄走到筵席前，拿起酒壶，向项羽敬酒。敬罢，又挨次向刘邦、范增、张良一一敬酒。都敬完了，才堆下满脸笑容，向项羽说道："今天君王和沛公喝酒，是难得的盛会。可惜军中没有什么娱乐。我舞一回剑，凑个热闹，可好吗？"刘邦一听要舞剑，心里早着慌起来。偏偏项羽不懂其中巧妙，也笑嘻嘻地点头说："好极了。"又回头向刘邦说："他的剑舞得可真不错。你看看，从前武信君也曾教过他剑法！"刘邦的心跳得像擂鼓一般，勉强装着笑容回答："好极，好极。"项庄早已挽起袖子，掖起战袍的下襟，便拔出腰间冷森森的宝剑，就在筵前舞了起来。果然轻似蜻蜓点水，捷如蛱（jiá）蝶穿花。渐渐舞得快了，就像风吹雪片一般，白纷纷卷成一团。只看见冷气逼人的剑光霍霍不定，呼呼作响，项庄整个影子都裹在剑光中间，化成一团白光，看得人眼睛都花了。

项羽擎着酒杯，不转眼地看着。脸上很自然地流露出欣赏的神气。刘邦却不住流着冷汗。张良暗暗叫苦不迭，只把眼色送给项伯，什么话也不好说。

渐渐这一团白光向前移动，而且向着刘邦那边移去。只吓得刘邦浑身哆嗦，咬着牙，额上迸出黄豆般汗珠。范增脸上显出十分得意的微笑。

说时迟，那时快，正在这一发千钧的时候，项伯霍地站起身来，一个箭步，就跨到刘邦和项庄的中间，顺手将腰间宝剑抽出，也舞将起来。项庄满想再移进一些，就可以一剑砍去，不料半空中杀出了自己的叔叔，挡住了他，心中好不懊丧。还以为项伯是自己人，总不会帮助外人，再舞一回，总可以找一个破绽。谁知项伯却是有意保护刘邦的，尽管舞得怎样兴会淋漓，总不肯离开这一带地点。只见两团白雪般剑光滚来滚去。叔侄两人各逞英雄，一个拼命地进攻，一个尽力地掩护。各抱一种心理，谁也不肯示弱。虽是舞剑，却比上阵还要认真。双方都用尽了心机，一进一退，一招一架，变出了无数新鲜花样。满座的杯盘都被寒森森剑气映射得闪闪生光，众人的眼睛也都被这精彩绝伦的表演吸住了。

可是真正欣赏这场舞剑的人，只有项羽一个，而且他也许就是最不懂这场舞剑真正妙处的人。范增呢，眼看项庄马上成功，无故被项伯阻挠，眼睁睁焦灼地望着剑光，像哑子吃了黄连，说不出的苦。刘邦和张良一直就像热锅上蚂蚁，胸口里十五个吊桶七上八落。张良算来只好去请救兵，便抽空走出营去，寻见了刘邦带来的一干人马。

大家看见张良出来，都忙着动问今天事情办得怎样了。张良皱着眉头说："今天真危险极了。现在，项庄正在舞剑，正要打沛公的主意。"樊哙着急地说："这险极了。我跟你进去，和他拼一拼。"说着便带了盾牌跟了张良急急进去。看守营门的卫士放进张良，便连忙举起戟来，交叉着把住营门，阻止樊哙进去。

樊哙心里着急,哪有工夫和他们多讲,便拎着盾牌撞了过去。卫士冷不防跌了个仰面朝天,樊哙趁势冲了进去,掀开营帐,走进里面,站在项羽对面。他圆睁两只满燃着怒火的眼睛,恶狠狠地注视着项羽,两只眼睑都几乎要迸裂出一丝丝鲜血来,头上的发也几乎要一根根竖立起来,就像一只要找人拼命的咆哮的老虎。

项羽正在喝酒,猛不防来了这样一个"不速之客"。他生平几时见过人家对他这般凶狠?不由心里一惊,连忙伸手按住腰间剑靶,将腰一板,挺直身子,朗声问道:"来者何人?"张良恐怕这两个粗人闹僵了,连忙接口应道:"这是沛公的参乘樊哙。"参乘是古时的车右,就像后世的保镖,是陪同要人坐在一车上的勇士。这时项伯、项庄两人的舞剑,也停止了。

项羽听说是沛公参乘,知道是一个力士,便顺口称赞说:"真是一个壮士!赐他一杯酒。"左右看见樊哙这般神气,料想他是个老粗,干脆拿了一个大斗来,装满了一斗酒,端给他喝。樊哙接过来,直着脖子,咕噜咕噜,一口气灌了下去。

项羽见他喝得爽快,便又称赞说:"壮士!再赐他一只猪胛肩。"左右忍着笑,拿了一只生的猪胛肩递给樊哙。樊哙更不推辞,把盾牌放在地上,接过猪胛肩放在盾上面,拔出腰间宝剑,一片一片切了来吃。

项羽看他这样豪爽,不由又赞叹说:"真是壮士!能再喝一点酒吗?"樊哙慷慨地应道:"臣连死都不怕,一杯酒还用得着客气?秦王凶暴无道,如同虎狼一般,所以天下都起来和他反抗。怀王同大家约定,谁先打进咸阳,谁就做王。现在沛公先打进咸阳,一丝一毫东西都不敢动,把宫室封锁起来,自己带了军队退到霸上驻扎,专等待将军到来。派兵守住函谷关,乃是防备小贼和意外的事。他这般劳苦,这般功大,还没有得到封侯的恩典,倒反听小人谣言,要加害这般有功的人,这不是和秦一般的行为吗?依臣看来,将军真不该这样做。"项羽听见樊哙说得爽朗痛快，和昨晚项伯的意思差不多。自己本来也没有加害刘邦的心，便也不多解释，只说了一声："坐吧！"樊哙便挨身坐在张良旁边。

刘邦这时候惊魂才定，挨了一会，便托辞要解手，唤樊哙一同出去，张良也跟了出来。刘邦走到外面，将手拊住心口，还是疾跳个不停，便对他们说："我这会儿出来，还没有向项王辞别呢！再进去，实在有点头痛。怎么办呢？"樊哙说："在这样生死关头，人家好比是快刀和砧板，我们好比是等斩杀的鱼和肉。还拘什么礼节？"跟随的一干人都说："是的，太危险了，不要再进去吧？"刘邦想了一下，对张良说："那只有劳你的驾了，请你代替我向他们告辞吧。"张良知道这件事别人也办不到，他好歹有项伯照应，不会有生命危险，便一口答应，又问刘邦道："大王带了什么礼物来？"刘邦道："我只带了一双白璧，打算送给项王，还有一双玉斗，打算送给范增，因为看见他们很生气，不敢拿出来。现在你可代我送上。我只带了四个人同走，由小路只消二十里便可到我军中，你等到我们快到了，才可以向他们告辞。"说罢便带了樊哙、夏侯婴、靳强、纪信四个人迅速地去了。

张良挨延了一会，恰好项羽命陈平出来寻找刘邦。张良又延搁了好久，才拿了白璧、玉斗走进营去。项羽半醉地倚着桌子，望着张良问道："沛公还没有来吗？"张良走近席前，献上白璧，说："沛公因为酒喝多了，恐怕失了礼节，不能亲来拜辞，使臣良再拜献大王白璧一双。"又捧上玉斗说："还有玉斗一双献范大将军。伏乞笑纳。"项羽问："沛公现在哪里？"张良应道："听说大王有意要责备他，已经独自回去了，现在大约已经到了军中了。"项羽本来不一定要杀刘邦，倒也不怎样介意，便接过白璧，放在座上。范增听说刘邦已经逃去，不由怒气上冲，接过玉斗，抛在地上，拔出腰间宝剑，狠狠砍去，把一双玉斗砍成粉碎。不便骂项羽没有决断，却把项庄来泄气，恨恨地骂道:"唉!这家伙一点也不会办事!将来夺项王的天下,一定是沛公。我们都要死在他的手里的。"项羽看见范增发怒,一声不吭。张良趁势退出,带了一干人马,自回霸上去了。

刘邦到了军中,立刻唤曹无伤来,喝骂一顿,推出斩首。

项羽歇了几天,带兵进入咸阳,果然宫殿如云,财宝无数。项羽和秦原有一段仇恨,又因刘邦抢了首功,心里更加不快,便命令将士把秦宫美人财宝尽数俘虏来,带到军中去。又把秦降王子婴和秦的宗族都一概屠杀,自然有许多贵族富家也都不免波及。秦的宫殿是那么多,搬了许多天,还搬不完。军士们也乘机抢掠人民,使得咸阳秩序大乱,人民都叫苦连天。到了财宝美人搬得差不多的时候,项羽索性下令放火,把几百座宫殿楼阁付之一炬。可惜许多劳动人民的血汗结晶,以及古代艺术文化上的杰作,都化为灰烬。这一场大火,足足烧了三个月。同时藏在秦博士官那里的上古相传下来的书籍,也都完全烧掉,造成了文化上不可弥补的损失。

项羽烧了咸阳,还不满意,又把秦始皇的墓掘开,派了二万人搬运墓里财宝,搬了一个多月。秦始皇费了许多光阴,造了这座自以为安稳的坟墓,仅仅葬了三年就被发掘了。

项羽烧了咸阳,派人去报告怀王,请问应该立谁做秦王。依项羽意思,现在他兵权在手,怀王一定不敢不封他做秦王。谁知这位楚怀王一向对项羽就怕他的屠杀烧抢,所以不派他入关。现在又知道他这般烧杀,如何肯封他呢?便回报项羽说:"当初原有的,谁先入咸阳,谁就做秦王。现在依照原约办理。"项羽接了这般回信,直气得他七窍生烟,痛恨怀王当初故意派他救赵,把入关这样美差留给刘邦,以致自己赶不上先入咸阳的机会。刘邦要是做了秦王,自己却做什么?楚、燕、齐、韩、赵、魏六国都已有了王,难道自己和许多将士都白白辛苦,只让刘邦一人得意不成?

他正在十分愤怒的时候，忽然报说有个韩生求见。项羽唤他进来。韩生说："大王锄灭无道的秦，功业无比，正好在关中为王。这块地方，东西南北都有高山环绕，东边有函谷关，南边有武关，西边有散关，北边有萧关，险要非凡，敌人无法进攻。中间却有千里平原，物产肥饶，可称天府。大王若能在这里建都，一定能称霸天下。"项羽听了，心里好生不乐。一则他已经把咸阳烧得残破不堪，不愿留住。二则因为有了原约，不便公然自己占住。便对韩生说："我已经决意回楚。我是楚人，富贵了不回故乡夸耀夸耀，那就像穿了锦衣黑夜行走，有谁会看见呢？"韩生碰了钉子，告辞出去。到了外边，冷笑说："人都说：楚国人是轻躁的，好像猴子戴了帽子一样。果然果然。"谁知这话给人听见，报给项羽知道。项羽大怒，立刻把韩生拿来，下锅煮死。

项羽既然抱了回乡夸耀的心理，便一意要回楚做王，召集部下诸将，对他们宣布说："当初起义时候，只望打倒暴秦，所以借了立六国后代的名义，来联合各国人民。其实血战三年，千辛万苦，冒着矢石，拼死忘生地打倒秦的，是诸位和我，并不是六国诸侯。怀王也是我家武信君立的，何曾有什么功劳？现在秦既然打倒了，应该重新分配地方，另立诸侯。怀王虽然无功，我们也应该尊他做个义帝。诸位意见如何？"

诸将一向畏服项羽，哪儿敢提出异议？何况这样办法对他们都有好处，自然乐得赞成。项羽看见大家并无反对，便和范增商定分封诸将为王。其中只有刘邦，最难安顿，要按原约封他做秦王，心里实在不愿把这么大的地方封给他。要改封别处，又怕人家议论违背原约。想来想去，无法安排。还是范增想起巴蜀（现在四川省）汉中（现在陕西南部）都算是关中的地方，那时开发不久，算是比较偏僻的所在。而且蜀地山路崎岖，交通不便，不如把刘邦封在蜀和汉中地方，也算不违背原约，刘邦也不容易向外发展，倒是两全之计。至于秦地，可以分做三份，把章邯、司马欣、董翳三人都封做王，镇守秦地，塞住刘邦的出路。这三人原是秦将，容易管理秦民。商量好了，又把麾下诸将按照功劳大小都封做王，却把原封的六国旧王另移别国。这样分割支配，很费一番心思。最后方才决定正式发表，共计分封十八个诸侯：

第一：汉王刘邦，封地巴蜀汉中。

第二：雍王章邯，封地咸阳以西。

第三：塞王司马欣，封地咸阳以东。

第四：翟王董翳，封地上郡。

第五：西魏王魏豹，由魏地迁河东。

第六：河南王申阳，封地河南郡。

第七：韩王韩成，原封韩地。

第八：殷王司马卬（áng），封地河内郡。

第九：代王赵歇，由赵地迁代。

第十：常山王张耳，封地赵。

第十一：九江王英布，封地九江郡。

第十二：衡山王吴芮，封地衡山郡。

第十三：临江王共敖，封地南郡。

第十四：辽东王韩广，由燕迁辽东。

第十五：燕王臧荼，封地燕。

第十六：胶东王田市，由齐迁胶东。

第十七：齐王田都，封地齐。

第十八：济北王田安，封地济北。

十八诸侯分派已毕，项羽自立为西楚霸王，封地彭城等九郡地方，却把义帝搬到长沙居住。

刘邦听得封自己在巴蜀为王的消息，遏不住心头火起，大骂项羽公然违约,要和他拼个死活。樊哙、灌婴、周勃等都劝刘邦去和项羽计较,只有萧何再三劝解,说:"在汉中做王虽然不好,总比死强些。"刘邦生气说:"为什么就会死?"萧何说:"我们打得过项羽吗?和他一翻脸,就只有打败。败来败去,只有死路一条。现在我们只能暂时容忍,去汉中收揽人心,任用贤才,慢慢再攻取三秦(雍、翟、塞),那时才可以和项羽争天下。"刘邦想了一想,觉得也有道理,便忍气吞声带了兵马向西南去了。

但是张良所带的韩国军队是要回韩的。刘邦便赠给张良明珠二斗、黄金百镒,另外又托他厚送项伯礼物,叫项伯替刘邦请求把汉中地全封给刘邦。张良把金珠也送给项伯。项伯收了两笔厚礼,如何不替刘邦出力?项羽见刘邦一声不响,甘心就国,便慷慨地把汉中都封给他。

这时候又有人向项羽说:"陈馀虽然没有跟着入关,可是他和张耳地位相等。张耳封王,陈馀不可不封。"项羽没奈何也封陈馀三县。其余部将也都有封赏。不必细表。项羽分发诸侯就国,自己也就带了宝物美人回去彭城,先叫人把义帝搬走。义帝这时候无力抵抗,只得动身。臣下贪恋彭城繁华,多不肯跟去。义帝走到半路,跟的人越来越少,光景十分凄凉。项羽还记着仇恨,暗暗派了英布、吴芮、共敖带兵截杀,把义帝在半路杀死。

项羽又恨韩王成不曾跟他入关,反派张良跟刘邦走。趁韩王成来见的时候,把他扣留,不许回国。后来索性把他杀死,另立郑昌做了韩王。

且说刘邦带了兵马向汉中出发。张良送到半路,辞别回韩。两人依依不舍。张良便劝刘邦把走过的栈道烧毁,以安项羽的心。刘邦依从他的计策,随走随把栈道烧毁。

原来汉中多山,山上行程不便,都用木材架设栈道,好像桥梁一般,由这座岭通过那座岭。现在西南各处还有不少这样艰巨的工程。栈道一烧,就表示不容易再向外交通,使项羽相信刘邦是死心塌地长在汉中做王了。

带来的将士们看见回路已断,有的自然只好跟着走,有的想念中原,不愿老在边地,便私自逃回,每天总有许多人。刘邦没有办法,眼见跟来的人一天比一天少,心里好不烦恼。一天,忽然左右报说:"丞相萧何也逃走了!"刘邦不由大惊大怒,好像失去两只臂膊一般,不知怎么办才好。因为萧何和他很早以前就是好朋友,连萧何都抛弃了他,何况别人?

　　过了两天,忽然又报说:"萧何回来了。"接着,萧何也匆匆进来。刘邦又喜又怒,不由又骂起来:"你!你也逃走。你为了什么要逃?"萧何却不动声色地慢慢回答说:"臣不敢逃走。臣是去追赶一个人。"刘邦诧异说:"你追哪一个人,这样上心?"萧何说:"臣追的是韩信。"

　　刘邦听说追的是韩信,不由又掇起火来。他记得韩信是一个都尉,很小的官儿。这人,才不出众,貌不惊人。萧何追他怎的?便指着萧何骂道:"你这简直是撒谎。逃去的将士不知有多少,你都不追,却追一个韩信?你这话骗谁?"萧何从容不迫地应道:"那些人都容易找,没有什么稀奇。只有韩信,才是无双的国士,大王一定要长在汉中做王,就用不着韩信。要是想争天下,除了韩信再也没有人可以商量的。这就看大王的决心怎样了。"刘邦跳了起来,睁圆了眼睛,说:"我当然是要向东去的。谁还能老在这种地方待下去?"萧何微微点头说:"是呀!既然决意要向东发展,那就非用韩信不可。大王能用韩信,韩信才能留。不能用他,他还是要走的。"刘邦一双眼珠注视着萧何的脸,察看萧何的神气,停了一会儿:"好的。我看在你的面上,用他做个将吧。"萧何摇摇头,说:"做个将?他也一定不肯留下的。"刘邦诧愕了,但是萧何坚毅的态度使他感觉到这是一件重大的事情,便决然地脱口说:"那么,我拜他做大将。"萧何这才显出笑容来,说:"那太好了。是应该这样办的。"刘邦说:"那么唤他来,拜他做大将。"萧何说:"且慢。大王平素不讲礼貌,待人十分傲慢。今天要拜一个大将,好像对待小孩子一般,呼来喝去。这样态度，韩信哪里肯留？大王真个要拜他做大将，应该选择一个好日子，还要斋戒三天，筑好高高的将坛，会集诸将，举行隆重的典礼，这才行。"刘邦笑了，说："好的。就依你的话。你去预备一切吧。"

韩信究竟是个什么样的人，会使萧何这样敬重他呢？原来他本是淮阴人，家里贫穷，又不会做事，只在别人家里寄食，东一顿，西一顿，一天到晚游游荡荡，惹得人人讨厌。他认识一个南昌（现在江苏省淮安市淮阳区码头镇）亭长，常常到他家中吃饭。亭长妻子看见韩信天天来，心里厌烦。便想出一个办法，故意起个绝早，煮好饭，端到床上来吃。等韩信到来，亭长一家早已吃过饭。韩信看见这种情形，心里明白，从此便不再到亭长家来。

后来韩信无事可做，只得在淮水钓鱼。钓不到鱼的时候，仍不免挨饿。淮河岸旁常有妇人前来漂洗绵絮。绵絮是蚕茧上面的一层松薄粗丝，不能缫来织锦，只好漂干净了，铺在衣内取暖。这种漂絮的妇女，那时称为漂母。她们漂到中午，家中便送饭来吃。其中有一位漂母，看见每天在她吃饭的时候，韩信却只在一旁呆坐着挨饿，心里老大不忍。便吩咐家人多送一点饭来，分给韩信吃。韩信白吃惯了，毫不客气。一连吃了几十日，这漂母一点也没有鄙厌韩信的神气。

到了绵絮漂完，漂母收拾回去。韩信便向漂母道谢，说："我将来一定重重报答你的恩德。"漂母听了，大不高兴，放下脸色来，说："你是一个大丈夫，自己还不能养自己。我不过因为看不过意，才请你吃。难道要你报答吗？"说罢一点也不理韩信，竟自去了。

韩信虽然这般穷困，可是常常欢喜佩剑。大家因为他一向游手好闲，都看不起他。一天，有一个少年故意在大家面前讥笑韩信，说："你虽然生得身材高大，又喜欢带着剑，其实不过是一个胆小的懦夫。你要是真有勇气，肯拼一死，就拔出剑来刺死我，那我就佩服你了。要是不敢的话，你得打我的胯下爬过去。"一面说一面分开两足，站在当街。两手也张起，露出胸口，大声叫："来！来！你敢刺死我，就算好汉。"满街行人都被这奇特的举动吸引住了，纷纷围上来观看韩信怎样对付。这少年一见人多，更加表现出高傲鄙薄的神气，把挑战的眼光注定韩信面上。

韩信一声不响，对那少年看了好一会儿，他便低下头来，匍匐在地上，由少年的胯下爬过。围看的人都哄然大笑起来。从此大家更看不起韩信。

到了项梁起兵时，韩信仗了宝剑，投入军中。项梁不知他是人才，并不重用。项梁死，韩信又跟了项羽。项羽用他做郎中（小官名）。韩信屡次献计，项羽都不用。韩信又去投刘邦，不想误犯军法，一班十四人都要斩首。斩到最后只剩韩信一人，恰巧夏侯婴走过。韩信大声叫道："汉王不欲得天下吗？为什么把壮士杀了？"夏侯婴听他口气不凡，便喝刽子手暂停，把韩信带回家中，和他谈论，果然见解出众。夏侯婴大喜，连忙荐给刘邦，让韩信做了都尉之职。韩信又和萧何谈论了几次，萧何大加敬重，因为正向汉中搬移，一时没有向刘邦推荐。韩信以为萧何一定已经荐过，刘邦不用，还不如出关另择识人的明主，所以又复打算离去。

且说当时刘邦听了萧何的话，传命预备拜将典礼，筑起将坛，挑选吉日。全军得知这件非凡的大事，不免议论纷纷，不知要拜哪个做大将。有的人认为萧何、曹参一同起事，萧何既然做了丞相，曹参武功最多，合该有大将之份。有的人又认为樊哙是刘邦连襟，也立了不少功劳，可能升做大将。也有人猜是周勃、灌婴，他们战功也都不少，也可以做得大将。互相推测，谁也打不破这个闷葫芦。还有几个人自己算算一向战功也不少，认为自己也未必不合格。这几天，全军充满了兴奋的喜气，各人心里都抱着无限希望，眼巴巴地盼望日期到来。

日期到了，刘邦穿了汉王的衮（gǔn）冕，排了王驾，率领文武官员一同到了将坛。只见静荡荡的广场上，旌旗密密，戈戟层层，十万大军各按方向站定。一个个明盔亮甲，挂剑提刀，军容十分整肃。正中一座高台，台上高矗着一支旗竿，大红的帅旗迎风招飐（zhǎn），周围插满了五色旗帜。当中一张桌，桌上摆列着一颗斗大的黄金帅印。虎符、龙节、金斧、银钺（yuè），亮闪闪地分列在帅印的旁边。十万大军，人人的眼睛都注在这颗金印上面。

不多时，细乐悠扬，香烟缥缈，刘邦王驾到了，随从人员排列了很长的队伍，宛然秦始皇出行模样。校场上登时肃静无声。将坛旁边的乐队奏起乐来。刘邦到了坛下，由随从官员们簇拥着上了高台。刘邦坐了正中宝座，百官分列左右侍立。乐队奏罢。刘邦传下命令，宣召大将上坛。

命令一下，全军振起精神。二十万只眼睛一齐张大，要看看大将究竟是谁。不多时，只见一个面生的人上了将坛，态度行动全不是大家所熟识的。个个都惊诧得很。有的人认得这个新任大将乃是都尉韩信，官低职小，新来不久，也从来不曾有过半点功劳，为什么忽然得到统辖全军的重任？这真是做梦也想不到的。全军都被这件怪事怔住了。

早听得坛上奏起细乐来，赞礼官高唱："授印。"汉王刘邦亲手捧起斗大黄金帅印，授给韩信。这帅印乃是执掌全军的信物，接受帅印便可以管辖全军。韩信向刘邦行个大礼，双手接过帅印，挂在身上。

受印礼平，赞礼官再唱："授符节。"刘邦拿起虎符、龙节交给韩信。这虎符是用铜打造的两片像合同一般的铜版，上面刻有虎的形状，预备调遣军队用的。龙节像旗杆一般，雕有龙形，垂着一层层的旄（máo），也是调兵用的信物。有了符、节就表示可以全权派遣军队。韩信又恭敬地行了一个礼，接过符、节。

受符、节礼毕，赞礼官第三次唱："授斧钺。"刘邦又拿起金斧、银钺交给韩信。这斧、钺是表示可以专断一切，还可以有全权先斩后奏的意思。有了斧、钺，这大将就可以有无上威权。韩信依然行礼，接过斧、钺。坛下将士看见韩信平地得了这般恩宠，都不禁又羡又妒。

拜将礼毕，刘邦赐韩信坐下，开口问道："丞相屡次称赞将军大才。不知将军有何良策教导寡人？"韩信谦逊了几句，说："臣才疏学浅，蒙大王下问，敢不尽心直言？现在和大王争夺天下的，岂不是项王吗？"刘邦说："正是。"韩信说："臣敢问大王，大王自己估计，大王的勇敢、劲悍、仁慈、强盛，比项王怎样？"刘邦给韩信一问，无话可答，停了一会，才应道："这一切，寡人自然不如项王。"韩信听了，再拜称贺说："臣信也认为大王不如项王。但是，大王只要依照臣的计划，取天下易如反掌。"刘邦听了大喜，连忙问道："将军有何妙计？"韩信不慌不忙，说出一篇惊天动地的大议论来。这正是：

接来金印初悬肘，说到石人也点头。

第八回

修栈道巧计度陈仓
背绵蔓奇兵拔赵帜

第八回 | 修栈道巧计度陈仓　背绵蔓奇兵拔赵帜

韩信当时，便对刘邦说道："现在天下英雄，自然要算项王。臣从前也在项王麾下，熟知项王的为人，请说给大王听。项王发怒的时候，一声叱咤，宛如半空霹雳，千万人都会恐怖得伏不敢动。上起阵来，所向无敌，有万夫不当之勇。可是项王不能任用贤人，不能采纳良谋。他的勇敢不过是匹夫之勇，有什么用呢？平常项王见人的时候，态度恭敬，言语温和，表现得十分慈爱。遇人有病，往往流泪，把自己的饮食分给他，好像十分仁慈。可是等到有人立了功劳，应该加封的时候，封爵的印已经刻好了，项王还要把印翻来覆去地摩弄，弄到印角都磨平了，还舍不得给他。他的仁慈不过是妇人之仁，那能成什么事呢？项王虽然称霸天下，臣服诸侯，似乎势力强盛无比，可是入关时候，不知据关中天险之地，反回去彭城建都，已经失了地利。又违背了义帝的约，只拣自己所亲爱的便封他做王，分配得十分不公平。诸侯看见项王逐走义帝，也都各各逐走本国的王，自己占了好的地方。项王行兵所过，没有一个地方不被屠杀掳掠。人民怨恨，谁肯归顺？只不过被他势力劫制，不敢反抗而已。这样的强盛是容易灭亡的。所以项王的勇敢、劲悍、仁慈、强盛，都是表面上的，算不了什么。现在大王要是能够用了和项王相反的策略，任用天下勇猛的将士，推心委任，使他个个能够发展才能，哪还有什么敌人打不败的？有功的人，就把天下城邑封给他们，哪还怕有什么人不心服的？趁着将士都想东归的时候，师出有名，哪有不会得胜的？他们雍、塞、翟三个国王本来都是秦将，连年作战，手下不知战死了多少秦兵。后来他们又骗秦兵投降诸侯，走到半路，把二十多万秦兵都坑死了，只剩他们三人，秦地人民恨这三个人，深入骨髓，没有一个人不愿意吃他们的肉。项王挟了兵力硬把这三个人立做国王，封在关中秦的故地，其实秦的人民没有一个爱戴他们的。大王入关，分毫不取人民的东西，除去秦的暴虐法令，只留三章约法，秦的人民没有一个不希望大王做秦王的。并且诸侯原约，大王本来就应该做秦王，秦的人民都已经知道。大王被项王改封汉中，秦的人民没有一个不恨恨不平的。现在大王举兵向东，这三秦的地方，只消一纸檄文，登时就可以平定。那时据了关中，养精蓄锐，便可东向以争天下了。"

韩信这一篇言论，把刘、项两人的优劣强弱说得了如指掌，又捧了刘邦一顿，直把个刘邦听得倾心佩服，欢喜到不能形容，只恨自己认识韩信太晚，便一一依从韩信的计策去做。从此韩信执掌了汉军的帅印，替刘邦筹划一切，分派各军。

当下刘邦由韩信主持，故意派了几百名兵士，假作修理栈道的模样，运了一些木材，动工修筑。那时项羽和许多诸侯早已分头东归，只留下雍、塞、翟三个国王镇守关中，其中雍王章邯的地方和刘邦最为接近。章邯受过项羽背地嘱咐，叫他防备刘邦。项羽认为章邯也是能征惯战的名将，所守的又是威名久著的本国地方，总可以制服得住刘邦。章邯也十分小心，不断派细作在边界上探听动静。

这天探子来报："刘邦已经拜韩信做大将，派有数百名兵士在修理栈道。"章邯暗想：韩信这样无名小卒，也配做大将？可见刘邦手下没有人才。这样大热天，却用几百人修理天险的栈道，看他修理到几年才能完工。既然今日要修，当初何必要烧？便不把汉兵放在心上，只派了军队把守栈道北口一带。

　　刚刚到八月，忽然探子报说：汉王兵马已经到了陈仓（现在陕西省宝鸡市东）地方。章邯大吃一惊，不知汉兵从何而来，只得连忙带兵前往迎敌。原来韩信知道汉中的西北方有一条小路，可以直通陈仓，故意用了声东击西之计，"明修栈道，暗度陈仓"，果然章邯不曾提防这一着，被汉兵闯入要地。等到章邯带兵赶到，韩信已经占了险要地点，长驱直进。秦民怨恨章邯，听说刘邦到来，果然个个欢迎，章邯部下军队也都不肯替章邯出力，这一切都在韩信意料之中。只交了一阵兵，便把能征惯战的章邯杀得大败，逃回国都，被汉兵团团围住。

　　韩信另派了两支军队分头向塞、翟两国推进，一面宣传刘邦要回秦做王。果然秦民痛恨司马欣、董翳，处处都争先恐后地迎接刘邦军队，司马欣、董翳见不是头，只得投降刘邦。果然不消一个月工夫，三秦完全落入刘邦之手。

　　正在西方的三秦闹得人仰马翻的时候，东方的三齐（齐、胶东、济北）也如荼如火地演出了一场全武行。原来齐相田荣当初曾被章邯围在东阿，亏得项梁救援，后来田荣却不帮助项梁，以致项梁战死，项羽心中早已怀恨。偏偏田荣只顾在齐享乐，也不出兵救赵，既没有参加巨鹿之战，也不跟项羽入关。反是齐将田都、田安两人，一个曾到巨鹿参战，一个打下济北地方，迎接项羽。所以项羽分封十八诸侯时，把齐王田市搬去胶东为王，封田都做齐王，田安做济北王，合称三齐。

　　田荣接到这个消息，大为愤怒。便留住田市，不许他去胶东做王。自己点出齐兵，迎上前去，兜头痛击，把田都打得全军覆没，田都孤身逃到楚国去了。

　　田市究竟胆小，惧怕项羽发怒，私下逃去胶东，不想又被田荣发现。田荣连忙发兵追赶，把田市也杀了。田荣自己做了齐王。可是还有济北王田安，也是项羽心腹，田荣便派人去招安巨野（现在山东省巨野县）地方一个民军首领彭越，拜他做将军，叫他去打田安。

彭越一向在巨野泽里，和一群壮士来来去去地打着游击战。渐渐人数多了，大家商议，应当推举一个领袖，才好一致行动。这时候，大家都承认只有彭越最有胆略，最为勇敢，便公请他做个首领。彭越再三谦逊，大众再三请求。彭越推辞不脱，只得说道："既然诸位好意，一定要我担任，那么我说的话是要算数的。"大家都说："那自然。"彭越说："明天太阳刚出的时候，我们就在这里开会。谁要晚到，便依军法斩首。"大家答应了。

第二天，天色刚亮，果然许多人都纷纷来到。彭越按名点卯，却还有十几个人没来。又等了一会，陆续来了几个。最迟的一个，直到将近中午才来。

这时候，彭起板起脸来，向大家说："我本来不配做首领，大家一定要我做。今天第一次下令，便有许多不按时间来到的。既然晚到这样多，不好都杀，只杀最晚到的这个人。"便命令把最晚到的人杀了。大家还当彭越和从前一般，都笑着说："何必这样认真。请原谅他，下一次再不敢了。"彭越也不理睬，真个把这人杀了。方才设坛正式指挥，分配职务。大家这才懂得彭越是执法如山、说一不二的人，没有一个不得吓得战战兢兢，不敢正眼相觑。

从此彭越带了这一班壮士，东冲西撞，横行无忌。刘邦入关时候，彭越也曾投入他的军队，走了一段路，舍不得巨野的根据地，又回来了。现在接了田荣的将军印绶，果然带了手下万余勇士直扑济北。济北王田安措手不及，被彭越打破国都，送了性命。三齐地方完全落入田荣手里。田荣重赏彭越，命他再去攻打楚国。这一场战事的结果，不但田荣威震东方，连彭越也名闻天下了。

田荣定了齐地，正要向外发展。忽然陈馀派了夏说前来，诉说项羽分配天下，太不公平，把赵王歇搬去代地，却把张耳封做常山王，占了赵地。陈馀请求田荣借给二万兵马，他自己愿意尽发三县的壮丁，一同去打常山，若能恢复赵王地位，情愿永远做齐的属国。田荣听了，正合心意，立刻应允。

陈馀带了自己三县兵和齐兵联合，进攻张耳。张耳败走，投奔汉王去了。陈馀迎接赵王歇回赵为王，赵王便把代封给陈馀，让他做代王。

燕王韩广不肯搬去辽东。燕将臧荼回兵，把韩广杀了，占了整个燕国地方。

这时候项羽已经回到彭城，把由秦宫俘虏来的美人宝货都安放宫内，大开筵宴，庆贺成功。正在兴高采烈的时候，忽然陆续接到各方警报。齐、秦、燕、赵都不遵分封的命令，发生战事。项羽既然自任霸王，对于这种公然违抗的行为，哪能置之不理？尤其使项羽震惊的，是刘邦竟然突破封锁，占了整个关中，要是不赶快把他打倒，养成势力，那还得了？所以项羽连忙召集手下将士，筹备出兵向西攻打刘邦。

正在调兵遣将的时候，忽然项伯笑嘻嘻地走了进来，手里拿了一封书简，递给项羽。

那时还没有纸，书信是用木片或是竹简，削成薄薄长方形状，一面用漆汁写字，另一面就刻上两条横道，写好了，两片合起来，文字向内，外面用绳子依着横道缚紧，打个结，结上敷了一团泥，泥上用印章一按，显出印文，等到泥干了，再让人捎去，谁也不能打开偷看，因为一打开，印泥就要破碎的。

当时项羽接过书简，打开一看，却是张良写的。内中文字十分谦恭，说："汉王蒙大王封在汉中，本来不敢东出。因为当初原约是说：谁打破咸阳，谁就做秦王。汉王只求依照原约，把关中封给汉王，便心满意足，决不敢向东再进一步。恐怕大王误会，以为汉王不遵命令，特地禀报，希望大王原谅。现在齐、赵两国联合出兵，要想灭楚，这是楚国心腹大患。臣良探得他们秘密往来情形，今附上齐、赵勾结的反书一份，请大王过目。"果然附有齐王、赵王的书信各一封，写着约同攻打楚国的话。

项羽是个火性的人。一看齐、赵公然约定来打自己，直气得七窍生烟，恨不得把他们一脚踩平才好。回想刘邦当初对自己原没有什么不是，把他封在汉中，自己也有理亏之处，难怪他要占三秦。现在他既然托张良来说情，得罢手便罢手。这田荣负义忘恩，害得项梁战死，现在又并了三齐，还联赵来打楚，实在不能容忍。要是不理，一旦出兵向西，岂不是更给田荣一个好机会？项羽想到这里，便决定改变战略，先发兵向东攻打齐国。刘邦如果不再向东发展，也就算了。要是靠不住，等灭了齐，再和汉算账，也还不晚。

田荣听说项羽亲自前来，便点齐全国精兵，亲自统领，迎住厮杀。谅田荣如何是项羽敌手，不消几阵，杀得弃甲抛戈，连国都也失掉了。田荣逃到半路，被乱兵杀死。项羽本来是个屠伯，又加怨恨田荣，一路上烧杀抢掠，弄得鸡犬不留，激起了齐地人民的义愤，人人都拿起武器来，东一队游击，西一队民兵，像雨后春笋一般。项羽的军队只要一挪动，后方马上就发生问题。田荣的弟弟田横趁着人民爱国情绪高涨的时候，收集散兵几万人，和项羽抗拒。要说田横的兵力是万万抵敌不住项羽的，但是他代表了本地人民的意志，依靠了群众的力量，使得百战百胜的项羽也无可奈何。

项羽正在齐地追逐田横，突然探子来报汉兵已经出关，向东进发。项羽暗想，关外还有许多诸侯，汉兵未必就会顺利地打到楚国。齐地战事快要结束，索性结束了再回去。谁知齐国人民是不可战胜的，刚平了东边，西边又起。好像踩了烂泥，拔不起脚一样。那边却一连串警报飞来：汉兵已经打破河南，河南王申阳投降。接着韩国也被打破，韩王郑昌投降。魏王豹也带了魏兵迎降。殷王司马卬被汉擒捉。总计不过几个月，汉兵已经打破七个国家，直向楚的国都彭城挺进。

项羽这时候才感觉到进退两难：要回去，又舍不得就要平定的齐国；要留住，又怕汉兵打到彭城。正在左右为难的时候，忽然又听说汉派使者到处邀约各国诸侯来打楚国。项羽禁不住心头火起，连忙分派龙且、钟离眛诸将留在齐国，自己带了三万精兵火速赶回彭城。

那时，汉兵正在节节胜利，刘邦亲自带领全军，渡过黄河，到了洛阳。忽然看见前面有一个须发斑白的老头子，拦路求见。刘邦唤他上前。老头再拜说道："臣是新城地方的三老（秦时的官名，掌管一乡教化的事情），姓董。闻得大王起兵攻打楚国，师出无名，不易取胜，必须声明敌人的罪状，才能使人心服。现在项羽追逐义帝，又把他杀了。大王应该为义帝发丧，布告天下诸侯，替义帝报仇，这才能名正言顺。"刘邦听了，觉得董公所说的话很有道理，便依了他的话，替义帝发丧。刘邦亲自穿了白色的孝服，脱下左边袖子，露出胳膊，拢上头发，穿了麻鞋，全军也都带了孝。刘邦向义帝灵前设祭，放声大哭，好像极伤心似的。全军将士也都依次祭奠。这样一连祭了三天，算是替义帝办过了丧事。然后派了使者，布告天下：

> 天下共立义帝，北面事之。今项羽放杀义帝于江南，大逆无道。寡人亲为发丧，诸侯皆缟（gǎo）素，悉发关中兵，收三河（河南、河东、河内）士，南浮江汉以下，愿从诸侯王击楚之杀义帝者。

这样就可以出师有名了。可是这十八诸侯呢，早已七零八落，不剩几个了。雍、塞、翟、殷、河南五国早被刘邦灭了。辽东王韩广被臧荼灭了。常山王张耳被陈馀赶走。济北、胶东被田荣灭了。十八个诸侯中，去了九个，只剩下一半。齐国正给项羽打得落花流水。九江王英布、临江王共敖都是项羽心腹，不会来帮刘邦的。燕王臧荼、衡山王吴芮，一北一南，路途太远，也不会来参加的。韩、魏两国早已投降刘邦，此外就剩下赵、代两国了。

但是赵、代的势力都在陈馀手里，陈馀不肯出兵，对刘邦使者说："汉要是杀了张耳，我就出兵帮汉。不杀张耳，就休想我出兵。"

从这条交换条件，可见刘邦白做了几天孝男，并不能吓倒人家，也骗不来陈馀。要赵兵来帮忙，还得再想办法。好个刘邦，想了一条瞒天过海的计。他既不肯杀张耳，又要陈馀出兵。于是他找了一个面貌极像张耳的人，也不管这人有罪无罪，砍下头来，送给陈馀，说是他已经杀了张耳。

陈馀看见这颗假头，认为张耳已经死了，便真个派兵来帮刘邦。刘邦统领了各国兵马，共计五十六万人，浩浩荡荡，直奔彭城。走到半路，彭越带了三万兵马来投。刘邦依旧把魏王豹封做魏王，拜彭越做魏相国，叫他去收拾魏地各城，截击楚兵。

到了彭城，项羽已经把兵马调出，攻打齐国。留守的军队不多，被刘邦一阵攻打，便占了彭城。守兵纷纷逃去报信。

这彭城本来是一座名都，项羽又添了许多战利品，自然奢华富丽，不比寻常。刘邦进了彭城，再也不客气，便把宝货美人统统占有。大开筵宴，和各军将士尽情欢乐。这时候的刘邦不但把替义帝报仇的话忘得一干二净，连从前对秦宫秋毫不犯的假面目，也一概抛去，赤裸裸地显露出生平贪财好色、争权夺利的本色。主帅这样，手下的将官兵卒自然更恣意作乐，成天过着花天酒地的生活。

突然间，"咚咚咚"的战鼓声音从北方传来。那喑呜叱咤的楚霸王接到彭城败兵的急报，知道国都被汉兵打破，气得他暴跳如雷。连手下将士也都气愤填胸，因为他们的父母妻子都在彭城居住。登时加紧前进，车驰马奔，和暴风骤雨一般，一口气赶到彭城附近。只见汉兵漫山遍野，营帐连绵，旌旗不断，望去何止百万。项羽全没一毫胆怯，带着三万健儿，一声吆喝，直冲上去，逢人便剁，遇马便砍。汉兵哪是楚军的敌手？登时大乱起来，一个个跌跌爬爬，没命逃走。这些楚兵全是项羽手下精锐的勇士，个个英勇无敌。为了保卫自己的国家，拼命血战。汉兵却已吃饱喝足，抢够财宝，都想溜之大吉。尤其是几个小国的军队，他们早已领教过楚兵在巨鹿城下的神威，是惊弓之鸟，不愿替刘邦送命，都远走高飞，抱头鼠窜而去。

这时候，刘邦由绮罗丛里惊醒，慌得他手忙脚乱，带领军队出来抵敌。这时正是夏初四月的早晨，一轮太阳高高地挂在半天。刘邦带了大兵，在彭城外面摆开阵势，等候厮杀。兵数比起项羽多过十几倍。只听得鼓声一起，楚兵便像怒潮一般汹涌杀来，奔腾澎湃，如同铜墙铁壁，当头压下。那种坚强无比的力量，使前排汉军来不及退走，早已被践踏成肉泥。后面的汉兵一见情形不对，都发一声喊，纷纷逃走。楚兵哪里肯放？趁势追上。汉兵只得望南逃避，楚兵奋勇直追。汉兵正在抛戈弃甲，拼命飞逃，不想前面一条谷水，拦住去路。这班跑得快的兵士，连忙回头，已经来不及了。后面败兵排山倒海般推了过来，只听得扑通扑通地响，都纷纷堕入水中。几十万兵士，收不住脚步，都跟着一个一个掉在水里，足足淹死了十几万人。

当时汉兵一部分淹死在谷水里面，还有一大部分向南高处逃奔，希望躲开楚兵的刀锋。楚兵哪里肯放？依然拼命追赶。刘邦指挥着将士，勉强抵抗，杀了一阵，实在打不过了，只得又向南逃走。一直逃到灵璧（现在江苏省濉溪县附近）东面，汉兵只剩下二十多万了。项羽下令："这些敌人现在已经成了网中之鱼，瓮中之鳖，必须杀得片甲不留，方许收兵。谁能取得刘邦首级的，重重有赏。"楚兵得了命令，更加奋勇地追扑上来。汉兵数量虽然比楚兵多得多，无奈已经被吓得亡魂丧胆，只有拔脚飞逃，并无招架的勇气。但见满地尸骸重叠，血肉纷飞。楚兵狂喊的声音和汉兵号哭的声音，打成一片。这些汉兵原是刘邦由关中带来，其中有许多人不懂南方地理，他们只顾跑得快，却不知道应该向什么地方逃。逃了一程，前面又撞着一支河流。这是一条浩大的睢水，由现在河南省境内发源，直到江苏省境和淮河汇合。这样一条大河，汉兵如何能够飞渡？楚兵见他们自投死路，更加四面包围过来，渐渐越挤越紧。汉兵走投无路，退到睢水旁边，被楚兵猛烈地向前一挤。汉兵像山崩一般，摔到睢水里面去了，把睢水填得满满的无法流下。

这时候刘邦左右的勇将们死命保住刘邦，往来冲杀。眼看二十万大兵一大堆一大堆地掉到水里去，只剩下几万人了。楚兵越围越紧，喊杀的声音，天摇地动，口口声声只叫："休要放走刘邦，谁能捉到的有赏。"吓得刘邦遍身发抖，再看前后左右，自己的兵马越来越少。四面八方楚兵包围上来，刘邦身边虽然只剩下三四万人马，比起楚军来，数量还是不算太少，却大半都已中箭着枪，又饥又乏，战斗不得。刘邦没奈何强打精神，舍命冲突，无奈四面都是楚兵，碰着就死。冲了几回，也冲不出。刘邦眼看着败残兵卒，越杀越少。刘邦到了这时候也只好束手待毙，再也没有什么妙计了。

想不到天有不测风云，在四月温暖的季节里，忽然刮起了一阵大风，由西北一直向东南吹来。吹得尘土满天，墙崩屋塌，一排排大树都吹得连根拔起，一霎时日月无光，飞砂走石，人人都睁不开眼睛。连勇猛的楚兵也都站不住脚，个个背过身去，蒙着脸庞。刘邦看准这是一个逃走的机会，连忙带了亲信几十人，急急忙忙溜了出去。楚兵发现有人逃走，如何肯舍？连忙向前赶去。楚将丁公一马当先，赶到刘邦车后，觑（qū）准刘邦，刚要一枪刺去。刘邦急得没法，连忙向丁公说："我久闻将军是个英雄，我刘邦也是堂堂汉子。惺惺惜惺惺，岂有相害的道理？将军手下留情，我一定厚报。"丁公听见这话，想了一想，便点头含笑，放了刘邦。原来丁公是个贪财的人，项羽素日对有功将士赏赐并不优厚，所以他想放走刘邦，日后多少可以得些好处。

刘邦逃出重围，急急向北趱（zǎn）程。记起此地离沛城不远，索性把家眷接去，免被项羽杀害。谁知到家一看，房屋已经空了。只得重新上车，还没有走几里，看见路旁有两个小孩，正是自己所生的一男一女。刘邦又惊又喜，连忙叫他们上车，问起情由，原来刘邦的父亲太公和刘邦妻子吕氏知道楚、汉争锋,带了小孩来寻刘邦,不幸半路失散。刘邦虽然接不着父亲和妻子,却喜得了儿女,便急急向西逃去。

还走不到一程,忽然后面喊声大起,楚将季布带了精兵追来。刘邦忙催驾车的夏侯婴,快快前进。又怕车上人多,马跑不快,便下了狠心,把儿女推落车下。夏侯婴看见大惊,慌忙下车,一手一个提上车来。刘邦急得跳脚,大骂夏侯婴。夏侯婴毫不理睬,依然加鞭向前飞跑。走了多时,看见后面喊声更加近了。刘邦唯恐走不脱,又把儿女踢下车去。夏侯婴放下缰绳,又跳下车去抱这两个小孩。一连踢下好几次,都被夏侯婴拾起。后来夏侯婴索性把两个小孩揽在自己怀中,左手拉缰,右手加鞭。刘邦气得两眼冒火,破口大骂,拔出剑来,要杀夏侯婴。夏侯婴全无惧色,说:"虽然情势危急,总是自己亲生骨血,怎忍抛弃他们?"刘邦没奈何,只得罢了。

后来听得楚兵喊声渐渐远了,刘邦方才放下心来。打听得吕氏的哥哥吕泽带兵扎在附近,刘邦便先去投奔他,一面收集败兵,一面向西撤退。

这时候各国看见楚强汉弱,纷纷又服从了项羽。塞王司马欣和翟王董翳趁着汉兵走的时候,带了自己残余部下投降项羽。魏王豹也借口母亲有病,要回去探望,向刘邦请假回魏国去了。这真是"树倒猢狲散",刘邦依然只剩下了自己。

不久,刘邦又打听得父亲太公和妻子吕氏因为走失了路,寻不着刘邦,倒撞着楚国兵马,都给项羽活捉去了。现在项羽把他们安置军中,作为抵押。刘邦听得这个消息,心里好不烦恼,暗想项羽这样厉害,要想把他打败,实在困难,只有连结许多人,大家一齐动手,合力打他一个,或许能够成功。刘邦想定了,便和张良商议。原来张良自从韩王成被项羽杀死,另立郑昌为韩王以后,他重兴韩国的梦想已经完全毁灭,便把从前怨恨秦皇的心理移到项羽身上。他算起来,只有刘邦一向和他要好,要打倒项羽也只有刘邦比较有希望，便写了一封信给项伯，骗得项羽去打齐国，自己却孤身来投奔刘邦。刘邦向来敬服张良足智多谋，留他在身边计议军机大事。当下张良想了一会，便答应说："现在有三个英雄，是足够独当一面的大豪杰。大王要是舍得和他们分享天下，共成大功，那是很容易打倒项王的。"刘邦连忙问道："这三个豪杰是谁？我愿意把函谷关以东的地方割弃，分给他们。我自己只要占有关内，便满意了。"张良说："第一个是英布……"一句话还没有说完，刘邦接口说："他是项王心腹，哪肯帮助我们？"张良笑道："原来大王不知，英布自从做了九江王，很贪图享受，不像从前了。这番项王去打齐国，叫他出兵，他只派了几千名军队跟项王去，自己却推病不去。项王气得把他大骂一顿，臣听说英布怕得很。项王的使者越催得紧，英布越不敢去见项王。我们要是趁这机会去和他联络，很容易拉过来。"刘邦欣喜道："原来有这一段事情，英布是项王的一条臂膊，要是拉得过来，那太好了。第二个呢？"张良说："第二个是彭越。他正在魏的地方，足可采取游击战，扰乱项王的后方，让项王兵力分散，无法和我们对敌。还有第三个，是韩信，他智谋出众，可以付托大任。"刘邦说："这后两个都不消说得，只是英布那里，得派一个会说话的人才好。"过了几天，刘邦果然派了谒者（官名）随何，带了二十人前往九江。

刘邦到了荥阳，各路败军陆续来会。恰好雍王章邯被汉军围城一年后遭引水灌城，城破自杀，雍地平定。韩信等也带了军队前来。丞相萧何又把关中还未成丁的男子送到荥阳。因此汉兵登时增加了许多，才能够和楚兵在荥阳相拒，不让楚兵再进。

这时候关中壮丁早已在秦二世时代，跟随章邯打仗，结果都被项羽坑死于新安。后来刘邦和三秦打仗，又被双方抽去许多，剩下一些壮丁被刘邦尽数带去攻打彭城。关内只剩下年龄不到二十岁的少男和五十六岁以上超过当兵年龄的老头子，现在也被萧何抽去了。关中失去许多劳动力，还有谁来耕种田亩？

结果，自然弄到遍地饥荒，一斛米贵到一万铜钱（大约合黄金一斤）。老百姓卖儿鬻女，苦到极点。这些田亩渐渐都归并到大地主们的手中。人民呢？连草根树皮都吃光了。

那时有个姓任的地主，最会打算。当义军起事的时候，大家都料定天下一定要回应，战争一起，一时完不了。所以个个地主都买金积玉，藏了许多细软宝贝，好见机逃走。只有任家却把由农民处榨取来的稻谷，埋藏在地窖里。一窖又一窖，积存许多。大家都笑他留下这般笨重的谷，怎么搬移？不想到了这几年，米粮奇缺，可是人总得吃饭，许多地主只得忍痛地拿出金玉和任家换米。结果，任家大发横财，着实富了几辈子。

人民既然这般缺少粮食，那双方交战的军队呢？刘邦占了荥阳，据有秦代藏谷的大仓——敖仓。他派了军队筑好甬道，由荥阳直达敖仓，不过十几里路，搬运粮米，十分方便。项羽却须由楚国彭城运米前来，走到荥阳大约八九百里光景，中间还要经过魏国地方。彭越受了刘邦指使，带领许多游击队，侦得楚兵运粮经过，便出其不意地拦路劫去。楚兵虽然骁勇，无奈"明枪易躲，暗箭难防"。彭越又是专做没本钱生意的，神出鬼没，巧妙无比，弄得楚军前线随时都可能闹饥荒，没有法子打仗。这对楚、汉双方胜败，起了极大作用。

彭越虽然帮着刘邦，可是魏王豹却归顺项羽，不听刘邦调度。刘邦派了郦食其前往劝告，魏豹只是不听。刘邦便决定派韩信带了曹参、灌婴进攻魏国。

魏王豹听得汉兵前来，连忙拜柏直做大将，统领全军守住蒲坂地方，预备迎敌。那蒲坂在现在山西省永济县西边，黄河岸旁，正对陕西省朝邑县东面，是魏和秦往来必经的要道。所以战国时候，魏国在黄河东岸旁筑了一座蒲坂关。这座关，据山扼河，高峻坚固，一则地势险要，二则建筑雄伟，真个"一夫当关，万夫莫开"。当下柏直把大兵驻在关内，塞断了黄河渡口，分派军队上下梭巡，不许黄河里有船只来往，料想汉兵再也不能插翅飞渡。

不多几日，韩信军队到了黄河附近。探子报知前面就是临晋津，已经有魏兵在蒲坂把守，无法渡河。韩信下令先扎下营盘，一面派探子沿河打探情形。探子回报：沿河都有魏兵分段梭巡，河里并无半条船只。只有黄河上游夏阳地方，河流迅急，两岸地势崎岖难走，才没有魏兵把守。韩信听了，踌躇了一会，便唤过曹参，嘱咐他带领三千兵士，沿着黄河向北，直到夏阳附近，砍伐山上林木，堆在夏阳岸边，限三日内办齐，务要秘密行事。曹参接令去了。韩信又唤过灌婴，嘱咐他也带了三千兵士，分头向各村庄秘密收买大瓦罂和绳索，也运到夏阳岸边，限三日办齐。灌婴也奉令去了。韩信传令多插旌旗，派一千兵士每日更换服色，在营盘附近，往来不绝，作为疑兵；又派一千兵士看守营帐，夜间多点灯火，白天鼓角不停，敌人如来挑战，不得迎敌；又派一千兵士在黄河附近搜索船只，预备渡河，搜到的船只，每船各派十名兵士看守。分拨已毕，过了两天，韩信便带了大军，乘着黑夜，悄悄离开营盘向北去了。

柏直知道汉兵到了，探得韩信正在搜捉船只，预备过河，又看见汉兵旗帜迤逦不断，兵马往来不绝，越发当心把守。日夜梭巡河边，专等汉兵渡河一半时，即便截杀。谁知一连好几日，并无动静。忽然流星探马报到，说是汉兵已经过了黄河，占领安邑（现在山西省夏县附近），直取魏都平阳（现在山西省临汾县西）。魏王已经亲自带兵迎敌，催柏直火速回兵。柏直闻报大惊，也不知汉兵究竟由什么地方飞来，只得连忙回兵。走到半路，已经接到探子报告，平阳被汉兵打破，魏王被擒，柏直进退无路，没奈何只得率众投降。

原来韩信到了夏阳，曹参、灌婴早已办齐木材和瓦罂。韩信命把木材一横一直地缚成方格，格中安放瓦罂，捆得结实，一排一排地缚好，就成了不沉的木筏，放在河里，十分安稳。兵士登上木筏，向东岸划去，不消多少工夫，早已稳达彼岸。再把木筏放回，往返几趟，全队军马便都过了黄河。韩信一登东岸，立刻分派军马，命曹参做先锋，直取安邑。安邑守军做梦也想不到汉兵来得这般快，手忙脚乱地出来迎敌，怎当得曹参又是一员虎将，不消一阵，便打败魏兵，占了安邑。安邑败兵逃到平阳，汉兵也就跟踪追去。魏王豹正在眼巴巴地盼望柏直捷报，却不料汉兵已经闯到国都。魏王豹只得纠集留守的一些军队迎战。这种意外的威胁，早已把魏兵吓得糊里糊涂，自然士气低落，一败涂地。

韩信平定了魏地，差人回去报捷，同时请求添兵三万人，乘胜向北攻打燕、赵两国和东边的齐国，等到三国都打平了，便向南截断楚国粮道，和汉王在荥阳会师夹攻。汉王刘邦接到捷报，当然大喜，立刻依着韩信的建议，并且派张耳带兵前去协助，同时又令挑选魏地的壮丁，送到荥阳来补充兵力。

那时陈馀因为看见刘邦兵败，又探得上次张耳的头是假的，张耳并没有死，便又归顺项羽。他虽被赵王封为代王，可是本人却留在赵国掌握兵权，只派夏说做代相，守护代地。当时陈馀听说汉兵已经灭了魏国，就要进兵向赵，连忙聚集兵马二十万，亲自统领，守住井陉（现在河北省井陉县）地方。那井陉是赵国西边最险峻的地方，这一带全是崎岖的山路，人马难行。就中一座井陉山，因为四面高峻，中央低洼，故取名井陉。这山中间有一条小路，称为井陉口，是汉兵东出进攻必经之路。陈馀料定汉兵数量不多，只消堵住井陉，便不怕他，刚刚布置完毕，忽然接到探子报告，汉兵已经攻下代国，代相夏说战死，代国已经完全降服，陈馀听了大惊，忙聚集诸将商议。广武君李左车献计说："韩信连破两国，乘胜而来，士气锐盛。我们不要和他争战，必须用计，才能取胜。他这番进攻，必定要经过井陉口。这井陉口险峻无比，兵队是不能排着队伍，必须一个挨着一个，车辆更不容易并排着走。这是最好的机会。他们出魏地走了几百里才走到井陉，带的粮食辎重一定都在后面。请派给我三万精兵，由小路绕过汉兵的后面，把汉兵粮食辎重截断。汉兵前队已经进入井陉，无法回头救援。足下在前面只守住关口，不让汉兵进来，也不和他交战。汉兵既不能进，又不能退，又没有村庄人家，无处掳掠粮食。只消十天，饿也饿死他们。韩信和张耳的脑袋，指日可以献上麾下。这是万全的妙计。要是不这样做，我们是打不过他们的，一定要被他们俘虏。"陈馀听了，踌躇了一会，说："你说得也很有理。可是韩信这番带来汉兵，号称数万，其实并不足数，又且远征千里，苦战多时，精锐大半已经伤亡，剩下的不过疲乏老弱之辈。这样又少又疲乏的汉兵，我们还躲避着不和他见个高低，各国一定笑我懦怯无能，都来欺侮我赵国了。现在井陉天险地方，我只先据着险地，趁他刚刚走出井陉口、人困马乏的时候，围住痛击。我兵比他多了几倍，他们无路可退，一定失败无疑。这才是堂堂正正之师，用不着奇谋巧计去暗算敌人。"说罢拈着胡子，微微含笑。

原来陈馀本由儒生出身，一向以忠义自命，不喜欢用诈谋诡计。所以他不肯采用李左车的计策，却吩咐诸将准备厮杀。不料这一席会议早被韩信派来的细作侦得详细，报与韩信得知。韩信听见李左车之计，心中大惊，后来听说陈馀并未采用，方才放下心来，连忙吩咐探子再去细探。不多时，探子陆续回报，陈馀兵马都在井陉口安营，的确没有分兵的事。韩信才敢放胆前进。进到离井陉口三十里的地方，韩信传令扎下营盘，住宿一夜。到了半夜，韩信传令召裨将靳歙（xī），命他带领二千兵士，每人各带一支赤色的汉军旗帜，趁黑夜爬过山去，由小路走到可以看见赵军营垒的地方埋伏，等待明天交战时候，只看赵军全数离营时，便急急掩入赵营，把赵军旗帜拔下，换上汉军的赤帜。靳歙奉令去了。

不多时，天色渐明，韩信又传令派傅宽、张苍各引兵一万人，悄悄到赵营左右埋伏，只等赵兵回营时候，一齐出来夹攻。两人奉令去了。韩信方才下令，全军整装预备出战，不必造饭，只命裨将分给全军一些早点，说："元帅有令，这些点心权且充饥。等今天打败了赵军后，再饱餐一顿。"诸将听了，都莫名其妙，心中十分疑惑，只得遵令。韩信先派步兵一万人，渡过绵蔓水，紧靠岸边，立下营寨。韩信和张耳方才带领大队，向井陉口进兵。

陈馀在井陉口闻报汉兵已到，连忙带领诸将登高眺望，只见初日瞳眬（tónglóng），阳光四射，汉兵渡过绵蔓水，零零落落，数量不多，陈馀指点着说："这不过是前队不满万人的偏军，我们不要打草惊蛇，且等汉军到齐再打不迟。"不一会，汉兵上岸，便在岸边不远地方，扎了营垒。陈馀不觉失声笑道："人说韩信多谋，张耳足智，原来都是虚有其名。这些微末兵卒，扎在背水的绝地，只消我用大军紧紧一挤，还不都落水而死？他们连兵法都不知晓，还敢前来送死！"说罢呵呵大笑，诸将也都大声地狂笑起来。

这时候，汉兵陆续由井陉口经过，陈馀唯恐被韩信、张耳逃脱，眼睁睁地只等汉中军主力到来，吩咐诸将，不要太早下手，要诱得汉兵进入平地，才好一网打尽。等了一会，果然鼓声大震，帅旗飘扬，汉兵簇拥着中军旗鼓，由井陉口徐徐出来。陈馀见了大喜，忙传令大开营门，奋勇出战。这时候汉兵已经过了井陉口，在平地上排好阵势，和赵兵接战。赵兵数量比汉兵多了好几倍，可是汉兵因为后面是井陉口，并无退路，只好竭力撑持。战了多时，汉兵渐渐不支。韩信、张耳便抛弃了大将旗鼓，带领全军退到水边营垒去了。

陈馀催动全军，乘胜追赶，一路上夺得旗帜马匹辎重不计其数。眼看汉中军大将的旗鼓就在前面不远，诸将都要抢得帅旗，占个头功，各各奋勇飞赶。连赵营留守的将士也都看了许多战利品十分眼热，大家争先出营来赶。赶到水边，韩信等已经进入营里，箭矢像飞蝗一般射了出来。赵军知道汉军别无退路，人人胆壮，拼命攻打汉营。汉兵也知道无路可走，败了只有淹死，个个死守不退。这样相持了半天光景，赵军看看天色过午，都感到饥饿，渐渐不像起头那样地有劲了。陈馀料想汉军无路可逃，便下令："先回营午餐，吃饱了再来。务要生擒韩信，活捉张耳，把汉兵杀得片甲不留，才泄我心头的怨气。"赵军得令，后队改成前队，慢慢撤退，陈馀亲自押后。走了一程，远远望见赵军营垒却是一片鲜血也似的红旗，完全是汉军的标帜，吓得赵军目瞪口呆。大家都知道营垒已经完全被汉军夺去，自然主将也一定被汉军俘虏，登时军心大乱，不约而同地发了一声惊喊，便纷纷四散逃走，赵将极力弹压，也无法制止。正在手忙脚乱的时候，忽然鼓声大震，左有张苍，右有傅宽，两支伏兵齐出，冲杀过来。赵军已经被汉帜吓破了胆，认为老营已失，无家可归；再碰着这两支生力军，如狼似虎地扑来，哪敢迎敌？又不知汉兵究竟有多少，大家性命要紧，拼命飞逃。后面韩信、张耳催动全军，一齐掩杀上来，陈馀便有天大本领，到了军心涣散的时候，也独木难支，只得带了残部冲出重围，望东逃去。走到泜（zhī）水附近，被汉军追上杀死。赵军除了逃走之外，都做了俘虏，连赵王歇也被生擒。果然半日工夫，杀败了赵兵二十万，平定了赵国。

许多将士都纷纷呈献首级和俘虏，韩信打开功劳簿，一一登载。将士拜贺已毕，便请问韩信道："兵法里面说，靠山近水的地方才能扎营。将军命臣等背水扎营，这犯了兵法的大忌。为什么居然得胜？这是臣等不明白的，请将军晓示其中道理。"韩信笑道："这正是兵法里面有的，诸位没有细心研究罢了。兵法曾说过，'陷之死地而后生，置之亡地而后存'。背着绵蔓水，我兵无路可退，正是应该死亡的地方。我韩信并不是多年老将，和兵士们有深恩厚谊，这些兵也都是临时抽来的壮丁。要不把他们安置在背水的死地上，使他们知道退后必死，怎肯拼命向前？要是在平地交战，他们必定四散逃去，哪肯出死力打仗呢？"诸将听了尽皆拜服，说："将军神机妙算，非臣等所能及。"

大家正在谈论的时候，忽然外面推进一个人来。韩信一看，连忙离了帅座，上前迎接，亲手解开这人身上的绳索，连连谢罪，大家都看得呆了。这人是谁？原来就是李左车。韩信自从得知李左车向陈馀献计，便深深佩服他足智多谋，晓谕全军，将来遇着李左车，不许杀死，只许生擒；捉到李左车，重赏黄金一千斤。果然重赏之下，必有勇夫，趁着赵兵溃散的当儿，汉兵擒得李左车来献。

当下韩信一面吩咐左右如数给赏，一面让李左车上坐，自己纳头便拜，说："我韩信谬当重任，统领大兵。深愧才疏学浅，见识不周，难得广武君今天降临，务望不吝指教，我当敬拜老师，一切听老师教训。"李左车连忙辞谢说："我是败军之将，哪里配当这样的大礼？"韩信说："不是这样说。这完全是因为陈馀不用先生的妙计。如果他采用了先生的计谋，我韩信早已被先生擒住了，哪里会有今天听先生教训的荣幸呢？"

韩信拜罢，坐在下面，恭恭敬敬地说："请问先生，现在我要进兵攻打北边的燕和东边的齐，应该先从哪一国下手？"李左车听了，不慌不忙说出一篇道理，说得足智多谋的韩信连连点头称是。这正是：

任教智略如韩信，还得虚心拜左车。

第九回

逞舌辩英布归刘

中反间范增辞楚

第九回 | 逞舌辩英布归刘　中反间范增辞楚

当时李左车看见韩信诚心请教，便也不再客气，向韩信说："兵家的要诀，在于善用所长，避去所短，这样就可以百战百胜了。现在将军一战破魏，再战灭代，三战收服了赵国，长驱千里，所向无敌，将军的威名震动天下，这是将军所长的。但是将军的军队已经太疲劳了，真个打起仗来，不见得有多少把握。将军要是把这些疲劳的兵，北上攻打燕国；燕国惧怕将军兵威，一定死守城池，不敢出战，那时兵疲粮尽，进退两难。齐国当然也要保守国境，和将军抗拒；将军长年在燕、齐两国中间争战，分不开身子，怎么能够去帮助汉王呢？这就是将军所短的。会用兵的人要巧妙地运用所长来补救所短。"韩信听了十分佩服。原来他这番攻打赵国，已经因为兵士疲劳和久无训练，不得不用背水之计，来迫使兵士死战。再要去打燕和齐，实在也感到困难。李左车的话，说到他的心坎里，如何不倾心拜服？当下韩信连忙把座席向前一挪，说："这真是句句良言。请问现在应该怎样办，才能避开所短，发挥所长？"李左车说："将军最好的方法是暂时按兵不动，安抚赵国的人民，每日宰牛设酒，大享士卒，让军士和人民都有休息的机会。然后调兵安营，做出要向北攻打燕国的模样。再派了一名能言善辩的人，送一封书信给燕王，告诉他将军的兵威无敌，叫他趁早来降。燕王一定不敢不听。燕既然降了，兵士也休息够了，那时再向东，宣扬将军的威德，齐国就不攻自败了。这就是先虚后实的妙计。"

韩信听了大喜，说："这真是妙计，就这么办好了。"一面派人去汉王那里报喜，请求立张耳为赵王。

刘邦连连接到韩信的捷报，心中自然欢喜，却也怕韩信势力太大，难以管制；好在张耳和刘邦有交情，又是儿女亲家，乐得封他为王，便同意了韩信的提议。一面叫韩信快快挑选精壮兵士前来荥阳，帮助刘邦充实军队，表面上当然为了荥阳军事紧急，一半却也为了要削减韩信的实力。

正在刘邦高兴的时候，忽然又报随何带了项羽唯一的爱将九江王英布前来投奔。刘邦喜上加喜，连忙催唤英布进来相见。

原来随何到九江的时候，英布还是一心归向项羽，听说汉王使者到来，只叫太宰（官名）招待，并不接见。随何等了多日，知道英布无意见他，便对太宰说："九江王不肯见我，无非以为楚强汉弱，不肯和汉通好。那么正应该快快地接见我，如果我说的话对，王就采纳；我说的话不对，干脆把我们二十人杀了，不更显出九江王对楚的忠心吗？这样见又不见，杀又不杀，留着我们有什么用呢？"太宰听他说得有理，便替他传达给英布听。英布果然叫随何进来相见。

随何见了英布，行礼已毕，恭敬地说："汉王派臣前来通好。请问大王为何对楚那般尊敬？"英布说："楚王是寡人故主。寡人一向北面称臣，自然与众不同。"随何说："大王和项王同是诸侯，为什么大王要对楚称臣呢？既然称臣了，那就应该尽做臣的本分，项王上次攻打齐国的时候，身先士卒，亲冒矢石。大王既然是臣，就该全数征发九江壮丁，亲身带领，做个先锋，才是正理。臣听说大王仅仅派了四千兵卒，去帮项王。做臣下的人，应该这样吗？项王国都彭城被汉王打破，项王本人还在齐国，大王既然是项王臣下，就该亲身带领九江军队，扫数渡过淮河，和汉兵在彭城拼命。可是大王并不曾派过一兵一卒，只是袖手旁观，一任项王东奔西走，浴血苦战，好像别人的事情一般，做臣下的人，应该这样吗？大王不过空名事楚，却要楚做九江的靠山，这哪里能够？也许大王认为楚强汉弱，所以忠心于楚。却不知楚杀了义帝，天下都说他不义。而且楚攻打荥阳，要经过八九百里地，运粮十分艰难，不比汉只须坐守荥阳，关中和蜀汉都可以运粮接济。成败的形势，已经十分清楚。楚兵越强，诸侯越害怕，也就越和汉团结。大王不和万全必胜的汉通好，反要和危险的楚亲善，这实在是大大失算。"

英布听得随何一篇议论，不觉内心动摇起来。他本来因为贪恋安逸，不曾帮项羽出兵，心里老捏一把汗，只怕项羽发怒，可是叫他对项羽翻脸，却又不敢，正在进退两难的时候，被随何一说，自然有些活动。他低着头，沉吟着不说一句话。

随何看出英布已经被他打动，便再进一步，说："大王不必怀疑，臣并不是说九江的兵力足够打败项王。只须大王出兵和汉兵呼应，项王必定分出一部分兵力来对付九江。这样，汉王便稳稳可以得了天下。那时臣只消和大王提了随身宝剑去见汉王，哪怕汉王不分出地盘来封大王，九江也当然永属大王所有。这是千载一时的立功机会，愿大王不要错过。"

英布细细想了一会，觉得这话很有道理。他原知道项王是神勇无敌的，不敢得罪；又怕项王发怒，自己性命难保。现在随何并不要求他单独和项王对敌，那么和汉私下连和，留个后路，万一项王真个发怒，还可以逃到汉那里去，依旧为王。想毕便点头答应。随何看出英布口头答应，心还在犹豫不定，又切实劝了几句，才退出来。

过了几天，随何探知楚国使者到来，催促英布火速发兵。

随何连忙也到九江王宫求见。守门卫士不让他进去，随何随口撒个谎，说："我就是来和楚国使者商谈的。"说着便直闯了进去。

楚国使者正在理直气壮地责备英布为什么不快快发兵，去帮助项羽。不提防随何忽然闯到面前，一点也不客气，大模大样地到楚国使者座位的上一位坐下。这使楚国使者大大惊愕起来。英布急得直瞪着眼睛，不知道要怎么办才好。

随何更不迟疑，正色向楚国使者说："你是来催促九江王发兵的吗？九江王现在已经归向汉了，楚有什么资格叫他出兵？"这几句话好像晴天霹雳一般，吓得英布和楚使者都愣住了。楚使者呆了一呆，回过头来，恨恨瞪了英布一眼。他看出英布满脸惊慌尴尬的神气，更加气往上冲，便一言不发，站了起来，恨恨地走了。英布看见楚使者生气，跺着脚"唉"了一声。他觉得这件事情闹糟了，可又不知道要怎样办。

随何抓紧机会，立刻催促英布，说："这件事情已经到了这步田地，不能再挨了。楚使者回去，就会向项王报告的。不如干脆把他杀了。"英布被随何弄得完全没有了主意，也怕使者回去会激怒项羽，便依了随何的话，派人把楚使者捉住杀了，一面起兵去攻打楚国。项羽得了这个消息，如何不生气？无奈自己正和刘邦在荥阳相持，不能分身，只派了大将龙且和项声一同前往攻打九江。英布虽是勇将，却因贪图安逸，不肯亲自上阵，打了几个月，地方都快丢光了，果然依了随何的话，孤身一人跟了随何来见刘邦。

在英布心中，以为这番为了刘邦，才丢了九江，多少有一些功劳；又且和刘邦同为一国之王，地位相等，相见时候，总有一番礼貌。谁知到了汉王宫外，并不见刘邦出来迎接，只有侍卫的人传报进去，英布心中已经老大不舒服。一会儿，有人出来，请英布进内相见。英布忍住愤怒，走进宫中，转弯抹角，好半天，才走到刘邦住所。跨进门去，一眼瞧见刘邦高踞床上，光着两只脚，踏在脚盆里。左右一边一个女子，正蹲在地上替刘邦洗脚。英布一看，不由心中冒火，懊悔不该跟随何前来，受了这样大的侮辱。这时候，进退两难，他的一张脸都气得紫涨了，更听不清刘邦和他说了些什么话，糊里糊涂敷衍几句就走了出来，一边走，一边想，越想越气，决计寻个自尽，还落得干净。

英布出了宫门，早有汉的官吏招待他上了车子，不多时到了一个地方，只见一所大宅，朱门翠瓦，建筑得十分壮丽。车子一直进入内庭，方才有人请英布下车。英布看这地方和刘邦所住宫殿相仿，料想主人来头不小，只得忍气吞声任凭招待的人引导。走进内面，只见房屋无数，陈设得极其华丽，还有许多妙龄的美女歌姬，都是满身锦绣。后面还有一座宽大花园，亭台楼阁，一应俱全。英布看了一周，莫名其妙。最后走到一所餐室，只见珍馐百味都已经摆设齐整，左右两列舞女都拿了乐器伺候。招待的人说："这所房子是汉王替大王预备下的。请大王就在这里居住，小臣告退了。"说罢告辞去了。

英布看见这房屋这般华美，生活这般舒服，想起刚才亲眼看见刘邦自己的享受，也不过如此，不觉心花大开，把寻死的念头完全丢去，欢欢喜喜地住下，从此一心一意归向刘邦，成为项羽的死敌。

刘邦既然用了手段来笼络人才，自然也时时刻刻提防别人。他自己困守荥阳和项羽争战，把关中付托萧何管理，一面却不断地派人去慰劳萧何。萧何不知原因，只道刘邦体贴他，更加尽心做事。却被一个姓鲍的儒生冷眼看破，便对萧何说："丞相大祸到了。"萧何大惊，说："我有什么祸？"鲍生说："大王亲自在前线交战，受尽辛苦，丞相却坐守关中。双方比较起来，大王比丞相辛苦多了。现在大王倒反常常派人来慰劳丞相，这岂不是轻重颠倒？既然不是真心慰劳，自然是放心不下，要察看丞相动静了。大王存了这种心理，丞相还能平安吗？"萧何听了连连点头说："你说得有理，那么我应该怎样？"鲍生说："要解除大王疑心，只有把丞相心爱的兄弟子侄都派到大王军中，明说是为了效力，暗中是做质押的意思。大王看见丞相肯把最亲爱的人送来，自然不会疑心了。"萧何依了鲍生的话，就把一家子侄都派遣到荥阳军队里。刘邦果然大喜，再也不怀疑萧何了。

这时候，楚、汉在荥阳已经相持了一年光景，项羽无法取胜，心里十分着急，便和范增商议。范增说："刘邦死守荥阳，所靠的是粮食充足。我们派了奇兵截劫他甬道的粮草，汉兵缺粮，自然内乱。"项羽大喜，便派钟离眛带兵前往，埋伏在甬道旁边，等待汉兵运粮经过，伏兵齐起，拆毁甬道的墙，把粮草劫去。汉兵虽然也有防备，无奈甬道甚长，防不胜防，一连被楚兵劫去数次。汉兵缺乏粮草，感到相当困难。刘邦心里忧愁，便和郦食其商议，怎样能够消灭楚国势力。郦食其说："秦灭六国，使六国君臣失去地位成为平民。大王要是再封六国，六国君臣一定感恩，愿做大王的臣下，那时楚就没有势力了。"刘邦欣然说："好的，好的。我立刻去铸六国国王的印，就请先生一行，去封授六王。"

过了几天，刘邦正在吃饭，张良由外面走进来。刘邦看见张良，猛然记起这事，因为张良一向患病，还没有和他商量过，便唤道："子房，来！来！有人劝我立六国后代为王，来削减楚国势力。依你看，这个计策好吗？"张良听了大惊，说："谁替大王想出这样的计？完了，完了！"刘邦大惊，忙问是什么道理，张良拿过刘邦手里的筷子，说："请借大王的筷子，指点给大王看。从前封建诸侯，都是看准了将来一定能够制伏。现在大王封建各国，将来能够制伏他们吗？能够制伏项羽吗？项羽一强，他们六国都去服从项羽了，还肯听汉的命令吗？现在许多人离乡背井，跟大王出力，无非要想封得一些地方。大王立了六国后代，再没有多余地方封他们了。他们自然都要各回本乡，去服侍本国的王，谁还肯再跟着大王卖力呢？大王要是封了六国，大王自己的事业就完了。"刘邦听了，恍然大悟，拍着桌子直跳起来，来不及咽下嘴里的饭，便将饭吐出来，大骂郦食其："这没有见识的腐儒，差点儿败坏了老子的大事。"喝叫左右，快把六国的印熔化了。

刘邦既然不立六国，忖度自己兵力还打不过项羽，又缺乏粮食，只得派人向项羽求和，愿意把荥阳以东地方都割给项羽，以西归汉，大家罢兵修好。

项羽围了刘邦一年，打来打去，也觉得腻了，很想就这样算了吧。偏偏亚父范增不肯，他听见汉兵求和，连忙阻止项羽，说："这是刘邦的缓兵之计，我们切不可上当。现在我们兵粮充足，汉兵缺乏粮食。我们兵马强盛，汉兵比我们少。我们围了一年，好容易把刘邦困在荥阳，怎么可以轻轻把他放了？现在一不做，二不休，非得把荥阳打下，活捉刘邦不可！要是大王听了他的话，那就是放龙入海，纵虎归山，将来后悔就来不及了。"项羽一向很听范增的话，上次鸿门没有依范增劝告，不曾除却刘邦，现在弄得这般麻烦，也相当懊悔，因此这次便依了范增的话，拒绝讲和。

范增再进一步劝项羽趁汉缺食时候，加紧攻打。项羽果然督了兵卒，奋勇围攻，渐渐越围越紧，汉兵更不容易运粮进城。刘邦困在城里，无计可施，心里十分忧闷，偶然看见中尉陈平在旁，想起他原是项羽手下的人，深知楚军内部情形，又且足智多谋，便对他叹气说道："你看天下这般纷乱，真不知道哪一天才能安定下来！"陈平听得刘邦动问，想了一想，计上心来。他本是一个家道贫寒的农民，弟兄两个只有三十亩田地。那时地广人稀，三十亩就算是很少了。他又不喜欢劳动，只爱读书，每天交朋结友，却把种田的事都推在哥哥身上，自己吃得又胖又白，一表人才，乡里人都看他不起。后来投军，辗转到了项羽麾下。项羽派他去打殷，取得胜利，项羽升他做了都尉。不想没有几时，殷又投降了刘邦。项羽发起怒来。陈平害怕逃走，来投汉王。刘邦一见之下，大大赏识，立刻也拜他做都尉，并且做个护军。这护军是管理将士们的人事职务。许多人看见陈平平地高升，很妒忌他，说了许多坏话。刘邦不但不听，反更升陈平做护军中尉，有事就和他计议。因此陈平感激刘邦的厚待，又借着他本来和楚军将士认识，就替刘邦想出了一条毒计。

当下陈平对刘邦说："现在楚兵强盛，难以和他争战。项王又会用兵，百战百胜。要是正式和楚打仗，绝对没有胜利的希望。不过项王也有弱点，如果能用臣的计策，准可打败项王。只是这计是秘密的，不能让人知道。"刘邦高兴地说："你快些说来。"陈平说："项王平日为人谦恭有礼，对待臣下如同骨肉一般，十分仁爱，所以很得人心。凡是有骨气、讲面子的人，多被项王礼貌感动，团结在项王的周围，肯替他出力。可是项王也有一个缺点，就是吝惜官爵赏赐，不肯慷慨地给人。因此，许多求名图利的人，也对项王不满。这是项王极大的毛病，使得有才干的人都没有发展的机会。大王的性情恰恰和项王相反，待人十分傲慢，要骂便骂，所以爱面子、讲气节的人都不肯来归大王，可是大王肯分给人官爵封邑，不惜重赏，买人的死力。贪图富贵、不怕羞耻的人，便都情愿来归。这是大王和项王不同的地方。现在项王虽然军势极强，可是他身边靠得住的忠直将士，也不过范增、钟离眜、龙且、周殷几个，并不太多。大王要是肯拿出几万斤黄金来，收买楚军里面贪利的人，散布谣言，施行反间计，让楚国上下相疑，彼此不协，一定会发生内乱。那时大王进兵，自然就易如反掌了。"刘邦喝彩道："此计大妙。现在我就给你四万斤黄金，随你的意思，要怎样用就怎样用，我全不管。只要计策有效，便算是你的功劳。"说毕，立刻唤人将黄金交给陈平。

陈平接了黄金，不由心中感动，暗想我替项王打下殷地，项王不过赏我二十镒黄金（每镒二十四两），升我做都尉。现在我到汉军，并无分毫功劳，汉王就拜我都尉。许多人说我坏话，汉王不但不见罪，反升我做护军中尉，把赏罚诸将的大权付我管理，现在又一下子交给我四万斤黄金，我要是不办出一二件事情来，真也说不过去。他想着，便找了几个心腹，假扮楚军，暗暗携带了书信黄金，分头去见楚军里面素日和陈平相好的朋友。陈平自然看准了谁是可以收买的，便多多送上黄金，叫他散布谣言，说钟离眜、周殷、龙且都已经跟项王多年，大家都希望割地称王，现在没有达到愿望，心怀怨恨，想和刘

第九回 | 逞舌辩英布归刘　中反间范增辞楚

邦勾结，共同把项王打倒，大家平分土地。这样一传十，十传百，到处都议论纷纷，使得楚军里笼罩着一团疑云。

项羽虽然也听到一些闲话，但是他向来待人忠厚，项伯那样帮助刘邦，项羽还是照样优待，何况这些捕风捉影的话，哪能使他相信？可是那些被造谣的将领却着急起来，他们觉得只有加紧攻打荥阳，捉到了刘邦，才能表白他们心迹。于是荥阳的围困，更加紧了。尤其范增更催得厉害，他只怕项羽中了刘邦缓兵之计，误了大事，差不多天天都在项羽耳边絮聒（guō）。项羽是直性的人，禁不起这老头儿叨叨絮絮，也觉得这老头上了年纪，有点讨厌。可是要说他勾通刘邦，项羽是再也不会相信的。

这样计策既然没有多大用处，荥阳城里粮食又渐渐吃完。楚兵一天一天增加，眼见就要支撑不住。这时候不但刘邦心里着急，连陈平也急得像热锅上蚂蚁一般走投无路。

正在陈平挠腮抓耳、无计可施的时候，忽然报说项王派了使者前来。陈平突然心生一计，忙唤来左右，吩咐如此如此，这般这般。左右会意去了。

项羽使者到了城里，劝告刘邦趁早投降。刘邦却不接见，只由招待的人引领他到了客舍暂歇。不多时，一群人员端进热腾腾一桌酒席来，真是山珍海错，丰盛无比，还有许多美酒，连杯盘器皿都十分讲究精美。大家抬到院子里，正要上来摆设，那为首的一个人员，望了使者一望，忽然面上显出惊疑的神气，呆了一呆，连忙向众人摆一摆手，自己立刻走上堂来，向着楚使者恭敬地问道："请问您是……"楚使者看见酒食这般丰盛，心想刘邦势穷力尽，所以对我这般恭敬，不免暗暗高兴，便摆出架子，正色回答说："我是奉项王命令前来的。"哪知一句话还没有说完，那个人突然把面色一沉，急忙转身下堂，对众人连连挥手说："错了，错了。我以为是亚父的使者，谁知却是项王的使者。快点端走。"大家登时端起酒席，一哄而散。

楚使者看了这情形，莫名其妙，只得呆呆地等着。又等了好多时候，才看见刚才那个人带了两名仆役，端了一碗粗饭，两盘青菜豆腐，大模大样地放在桌上，头也不回，便自去了。使者一看，气得肚皮几乎涨破，一口也吃不下，立刻拂袖而去。到了楚军，便把所闻所见一一告诉项羽。

项羽听了，心里也觉得十分奇怪。恰巧项伯也在旁边，便冷笑一声说："你白白这般尊敬亚父，原来他却心向刘邦。不知鬼鬼祟祟地和刘邦干了什么勾当，才连使者都受刘邦这般优待。"项羽想了一会，半信半疑，慢慢地说："亚父劝我尽力攻打荥阳，难道他自己反和刘邦勾结？他是我许多年尊敬的人……"项伯鼻子里哼了一声，道："不错，许多年了。当初你做次将的时候，亚父是末将，和你平等。现在你做了霸王，他却还是一个亚父，他会就此满足吗？他的心眼多得很，谁又斗得过他？他催你攻打荥阳，保不定是他向刘邦讨价还价的一种手段。你就这样相信。像英布吧，岂不是你许多年的心腹，他现在怎样？还有韩信、陈平……许多人，哪一个不被刘邦勾引了去？他们又不是你的骨肉亲戚，你就这样信得过！"项羽听他提到了英布，心里十分难受。他本来深爱英布的勇猛，一向另眼相看。英布的叛变，使他非常难过。他立刻垂下头来，一句话也不说。

恰好范增知道使者回来，恐怕刘邦又有什么诡计，连忙来见项羽，查问情形。当他一脚跨进项羽营中，正撞见项伯和项羽说话。范增自从鸿门宴后，瞧破项伯心向刘邦，对他就刻刻提防。现在荥阳被围紧急，项伯却和项羽单独说话，范增心中先有几分不自在。项伯看见范增，便站了起来，鄙夷地招呼了一声，掉转身冷冷地走了。范增更加满腹狐疑，揣度必是项伯又替刘邦说情，给撞破了，所以不高兴。这时候，项羽也起身请他落座。范增只得勉强按住怒气，一同坐下，便问："听说君王派使者进荥阳城里招降刘邦，刘邦怎生回话？"项羽迟疑了一会，说："并没有什么结果。"范增说："现在刘邦已经是瓮里的鳖。我们用不着派什么使者，和他多讲，还是上紧攻城为妙。"项羽听了，抬起头来，眼光注在范增脸上，觉得他所说的和使者所见的完全不同，这实在难以断定真假。心里这样想，嘴里就随便敷衍着。范增看出项羽心里有事，更加断定是项伯弄鬼，不由气往上冲，便说："这是千载一时的机会，君王不要听了人言，把刘邦放松。老夫情愿亲自督促各将，上紧攻城。不擒到刘邦，誓不甘休。"项羽停了一会，慢腾腾地说："这不用亚父操心。我也没有听了什么人的话。"范增看见项羽这样不冷不热的态度，更加生气。他万万料不到项羽疑他和刘邦勾结，只道项羽有意放松刘邦，便倚老卖老地着实催促项羽一顿。哪知项羽听了项伯的话，以为范增这般催促是别有用意，只一味敷衍，不肯切实去做。范增一连催了项羽几次，总是没有结果。一天一天过去，范增也渐渐看出项羽待他不像从前那样倾心吐胆，说的话总是淡淡敷衍。他这一气非同小可，想起自己一向操了多少心，指望帮助项羽成功，谁知项羽倒反疑忌自己。既然言不从，计不用，留在这里也没意思，倒不如撒手不管，告辞回乡。

范增是七十多岁的人，禁不起这般气愤，便下决心向项羽告辞，说："现在荥阳已经围得铁桶一般，料想刘邦插翅也难飞去。从此天下大定，君王自己足够办理清楚。老夫年纪已经老迈，近来常常抱病。现在只好告辞了。"项羽还想挽留，可是范增的意思已经决定，便打叠行装回家。

范增一路上越想越气，又加跋涉辛苦，上了年纪究竟体力不行，还没有到彭城，背上生了一个大疽，医药无效，不多几天，便病死了。

范增离去，在项羽方面算是失去了唯一足智多谋的军师，在刘邦方面自然要算一个大收获。可是范增去了，项羽再没有什么疑虑，更加尽力攻打荥阳。看看荥阳城里粮食快完了，四面被围得水泄不通，不但救兵不能进来，连甬道也被楚兵截断，一颗米粒也运不来。刘邦和手下许多将士急得失魂落魄，毫无办法。

汉将纪信忽然慷慨地向刘邦说:"现在别无他法,只有臣假装大王去投降楚,大王趁这机会便好脱身。"刘邦沉吟说:"这是很好的计策,只是你到了楚军,恐怕项羽放你不过。"纪信说:"这是臣自愿的事。"大家想不出别的计策,都赞成了。刘邦便派了使者到楚军接洽,定在明天亲自出城投降。

项羽知道荥阳城里缺少粮食,相信刘邦投降是真,便允许了。到了夜里,大约三更时候,忽然荥阳东门大开,涌出无数兵卒,黑暗之中,看不清面目。楚军连忙四面包围攻击。这些兵士并不抵抗,只是拼命逃走。原来这是陈平的计策,把城里妇女二千多人,乘夜装作兵士出城,引得楚兵都来攻击,就把其他三个城门的包围松懈了。果然楚兵俘虏了许多妇女,其他队伍也就纷纷赶来。正在这个时候,城里举起灯笼火把,一片传呼声音,都叫:"现在城里粮食断绝,汉王出城投降,请楚兵暂退。"接着一阵马蹄声音,汉军齐齐整整列队出城,簇拥着仪仗銮驾,旌旗无数,迤逦不绝。灯球千万个夹拥左右,和两条火龙相似,灿烂得如同白昼一般。同时楚营门也大开,项羽高坐正中,两旁排列得十分威武,专等刘邦进营投降。做这样盛大仪节,轰动了整个楚军,大家争先恐后地跑来参观,一个个都笑逐颜开,相信从此战事完全结束了。

不多时,汉王銮驾到了楚营前面,楚军高喝:"刘邦下车行礼。"銮驾慢慢停住,揭开车帘,纪信穿着汉王装束,跨下车来。楚军早一窝蜂似的把他拥进辕门。

纪信进了营门,直立不跪。项羽望下一看,认得并非刘邦,不由大怒,喝问:"你是何人?胆敢冒充刘邦,来欺骗我!"纪信到了这地方,早就拼却一死,毫不畏惧,从容应道:"我是汉将纪信,特地代替汉王前来。"项羽又惊又怒,厉声问道:"刘邦本人何在?"纪信说:"早已在我出城的时候,离开荥阳了。"项羽听说刘邦已经逃走,不由暴跳如雷,立刻喝命堆起柴来,把纪信活活烧死。

原来刘邦果然在纪信出东门的时候，楚军都跑出瞧热闹，不加防备，他趁了黑夜，悄悄开了西门，带着亲信几十人逃出城去，把城里防务交给周苛、枞公、魏豹等几个人掌管。

刘邦逃出了荥阳，直入关内，收集了农村民丁，又想再出关和项羽交战。有个姓辕的儒生献计说："项王英勇善战，在荥阳交战了几年，汉兵总是吃亏。这不是用武力能够得胜的。我们必须假意由武关方面出兵，项王得知，一定向南来。大王却不和他交战，只守住营垒，让荥阳、成皋（荥阳西）有喘息机会，也让韩信可以安定赵、燕和齐。等到我们力量充足了，再由潼关出兵，直抵荥阳。这时候，项王又得回兵向北。项王的力量一天一天削弱，但是防备的地方却一天一天增加，必定会完全失败的。"刘邦听了辕生的话，果然向南由武关出兵。

项羽一听见刘邦由武关出兵，果然只留下一部分兵马，守住荥阳，自己带了大军向南，准备和汉兵大战，刘邦却紧紧关住营门，坚守不出。项羽百般挑战，刘邦总不理睬。正在无计可施时候，忽然流星探马报告，彭越又在后方捣乱，不但劫去军粮，还占了楚国下邳（现在江苏省睢宁县北），楚将薛公战败阵亡。项羽闻报，只得撇下刘邦，星夜回兵救援下邳。

项羽行军向来是十分神速的，这次又是救援本国，人人奋勇，不多几日，赶到下邳。彭越想不到项羽亲自前来，抵敌不过，狼狈逃走。项羽正要挥兵穷追，忽然探子又报，刘邦趁着楚兵撤退，又向北进兵，有援救荥阳的模样。项羽暗想，荥阳被围多时，已经是囊中之物，不能再让刘邦夺回，好在彭越已经败走，还是和刘邦先决雌雄为上。于是楚军又向西出发，到达荥阳城外。这时候，楚将终公正在成皋被刘邦打败。刘邦刚刚进入成皋，一听项羽已经亲自来到，不由大惊，死命守住成皋，哪敢来救荥阳？

那荥阳守将周苛、枞公两人自从刘邦去后，私自商量说："现在楚强汉弱，那魏豹曾经叛汉降楚，不可信托。我们和他同守这城，太危险了，不如先把他杀死，以绝内患。"两人商量定了，便设计把魏豹杀死。两人轮流在各门防守，真个是衣不解带，昼夜无眠。幸亏那时项羽知道刘邦已走，对这座荥阳空城，攻打不甚上紧。不多时，项羽又移兵去了，只剩下不多军队，两人才能勉强支持，城里将士也都陆续逃出城去投奔刘邦。想不到现在忽然项羽又来了。这番兵威，更非前日可比，好像狂风暴雨一般，疯狂地扑到荥阳城下，一阵猛烈攻打，锐不可当，不消几日工夫，早把城墙打坍，楚兵一拥而入。周苛、枞公措手不及，双双被擒，推到项羽帐下。

项羽性情刚烈，对于顽抗的敌人总是毫不容情地一律诛杀。这番却为周苛死守荥阳，起了爱惜的念头，看见他怒容满面，直挺挺地站在那里，不但不动气，反和颜悦色地对他说："你若肯归我楚军，我封你三万户，并且拜你做个上将军。你意下如何？"

原来那时，国王认为有功的人，常常把几千几万户的人民封给他，封了以后，这几万户人民应纳的税便给领主享用，好像小皇帝一般。所以项羽用这话来打动周苛。想不到周苛却是一个莽直武夫，并不接受项羽好意，反破口大骂起来，说："你自己还是趁早投降，省得将来做俘虏，你哪能干得过汉王？你要我投降你，别做梦！"项羽被周苛这般顶撞，不由掇起心头怒火，厉声喝叫左右，把周苛丢入锅里去煮死。枞公也被绑出砍了。

不领项羽好意的人，还有一位汉将王陵的母亲。当王陵起义时候，因为和刘邦厮熟，就加入刘邦的队伍。恰巧刘邦兵败，王陵的母亲被楚军捉去，献上项羽。项羽希望借她招来王陵，就格外优待。一天，刘邦派个使者前来。项羽故意让王母坐在客位，表示尊敬。可是王母见了使者，却一言不发。等到使者告辞离营，王母才离开座位，跟了出去。项羽暗想她必定和使者有什么言语，托他转达王陵，便命左右悄悄跟在王母后面，听她说些什么。果然王母走到营外，两眼含着泪水，对使者说："请替我告诉我的儿子王陵，他既然跟了汉王，总得好好努力地干，不要三心二意。汉王是忠厚人，将来一定会得天下。陵儿不要为了我一个老婆子牵肠挂肚。我今天特地死在使者面前，省得陵儿为难。"说罢拿起剑来，往自己脖子上一抹，登时扑倒地下。

汉使者看见情形，吓得心胆都破了，唯恐牵累自己，急急上马加鞭逃去。项羽派来的人正跟在王母背后，听得清楚，要来抢救，已经不及，只得把这情形回报项羽。项羽知道王母不但不招儿子来降，反叫他一心事汉，直气得七窍生烟。一腔怒气无处发泄，便把王母尸骸煮了。

且说项羽得了荥阳，更不耽搁，立刻移军向成皋进攻。刘邦一听荥阳陷落，项羽亲领大军前来，吓得不敢再驻成皋，只怕也像上次被围在荥阳那般狼狈。想起韩信、张耳两人现在带领大军在修武（现在河南省获嘉县）附近驻扎，仅仅隔了一道黄河，要是有这一支军队相帮，还可以和楚军抵抗。可是他们兵权在手，未必听话。派人去叫，恐怕也没有用，不如亲自前往，相机行动。想定了，便和最亲信的夏侯婴同乘一辆战车，悄悄出了成皋北门，望北而去。

两人渡过黄河，暂且住宿一夜。等到天色微明，刘邦穿了军中便服，和夏侯婴一直到韩信营外，自称是汉王派来的使者，有机密要事，专和元帅说话。说罢，便取出军符，给营外护兵观看。

军符是一种竹做的东西，分为左右两爿（pán），和合同相似，双方各执一爿为据。重要的兵符是用铜铸成虎形，称为铜虎符。当时护兵看见两人衣装都是汉式，军符又能相合，相信他俩真是汉使，便放他进去。

进入营内，韩信、张耳还在熟睡未醒。中营将士认得是汉王本人，慌忙要入内通报。刘邦急急摇手阻止，轻轻走入后帐，到了韩信卧内，趁他未醒，把兵符帅印都拿到手，便立刻出外升帐，传令召集全营将士听令。

诸将到了中营，忽见帐内高坐着汉王本人。大家都吃了一惊，不知韩信、张耳现在何处，只得依次参见。刘邦便传下帅令，另外分派职务，把各将重新调动一番。各人奉令去了。

这时候，韩信、张耳方才惊醒，知道汉王到来，取去帅印兵符，也都大吃一惊，只得出来叩见。刘邦便叫张耳急回赵地，固守地方，以免被楚兵攻击；又叫韩信把赵地壮丁尽数点出，去打齐国。两人只得奉令去了。

刘邦得了这支大军，声势登时浩大起来，正要向南救援成皋，却碰着陆续逃来的将士，报说成皋已经失守，楚兵还在向西推进。刘邦急急移兵守住巩县（现在河南省巩县），一面召集诸将商议。

按照刘邦意思，项羽兵力这般强大，荥阳、成皋既然失去，无法取回，只好坚守成皋西边的巩县和洛水一带地方，以免损失兵力。诸将也都怕项羽勇猛善战，无人表示反对。只有郦食其谏道："这是退避的政策，万万不可。要成就大事，必须倚靠人民。人民最需要的是米粮。现在天下大乱，到处闹饥荒，没有多余的米充作军粮。唯有敖仓是秦时藏粟的地方，里面积存着极多的谷。楚得了荥阳，不知据守，反分出一部大军来和我争战，这真是自讨失败。我们应该急急设法夺回荥阳，占了敖仓的粟，使全军粮草充足。再控制了成皋和沿河一带险要地方，胜利就有把握了。"刘邦听了，点头称是。

郦食其继续说道："大王在这里和楚兵相拒，可是韩信带的赵地新兵还在进攻齐国，不能前来帮助。齐是一个大国，兵多将广，未必一时打得下。臣请出使齐国，劝齐王服从大王，不助项羽。只要齐国归汉，楚就失去党羽，成为孤军了。我们却可以调回兵来，夹攻楚国。天下大势，反掌可定了。"刘邦大为高兴说："我正着急齐国没有打下，韩信这支兵不能迅速前来。若是先生肯去，那太好了。我就准备行装，请先生即日动身。"郦食其欣然领命去了。

郦食其去后，刘邦决意再取荥阳。但是项羽军势强盛，刘邦不敢冒昧进兵。郎中郑忠献计说："项王百战百胜，不能和他争战。大王应该把营垒筑得坚固，营外的沟挖得深阔，使楚兵不能攻进。守得日子一久，楚兵自然懈怠，锐气大灭。一面我们派兵绕到他们的后路，去烧他们的粮草。这样他们一定大败。"

刘邦细想实在打不过项羽，只好用这种釜底抽薪的办法，便依了郑忠劝告，把营垒筑得十分坚固。每日任凭楚军讨战，总不出来交战。项羽是个性急的人，不耐烦这般磨时光。几十万大兵消耗的粮食实在不少，只指望打一个痛快的仗，把汉兵消灭了，好奏凯回去，偏偏汉兵又不肯出营。正等得十分焦躁的时候，忽然探马来报，彭越又在楚地到处捣乱，烧毁了许多粮草，还攻陷了许多城池。

原来刘邦表面上和项羽相持，绊住了项羽全军，背地却派了刘贾、卢绾两将带了两万人马，悄悄由小路渡过黄河，陆续和彭越会齐，大家商量怎样截烧楚兵的粮草。彭越说："我早已探知楚军粮草都囤积在燕县（现在河南省延津县）地方，只是有大兵防守，不能轻易得手。我又新被项王打败，兵士不多，不敢轻举妄动。好在两位将军现在带有军队，合力进攻，一定可以成功。"当下三人约定时间，乘着阴暗的黑夜，分为三路，悄悄向燕县进袭。守护粮草的楚兵，想不到半夜有敌人来袭，都睡熟了。忽然喊声大起，刘贾带兵杀进营来。楚兵由梦中惊醒，正不知汉兵多少，霎时大乱起来。忽然后面火光冲天，卢绾也带了兵由营后扑进。楚兵只得弃营逃走。彭越早已抢到屯聚粮草的地方，叫兵士把引火东西堆在草上面，放起火来。登时东一堆，西一堆，都引着了火，像火焰山一般，烧得半天都红了。楚军忙着逃命，哪有工夫救火？不消半夜工夫，把楚军的粮草烧得精光。

彭越乘胜会合了刘贾、卢绾，向南打进魏国旧地，攻陷了十七座城池，烧毁各地楚军粮草，不计其数。各地败兵陆续飞奔到成皋报告，项羽接到这许多败讯，又惊又怒，忙唤大司马曹咎进帐，吩咐说："现在彭越截我后路，烧我军粮。我军缺乏粮草，事情严重，我非得亲自一行不可。看刘邦情形，一时不会出战。我把成皋交与你，你要好好坚守。我只消半个月，一定回来。在这半个月内，汉兵要是前来挑战，你切不可中他诡计，和他开仗。只消把守城池，不让汉兵过去，便算是你的功劳。"曹咎领令。项羽把军务交代清楚，自己带了三万精兵，星夜赶到外黄（现在河南省兰考县附近）地方。外黄早已被彭越攻下，派有将士看守，一见项羽前来，连忙关了城门，拼命把守。楚军攻打了半天，反被城上矢石打伤了许多。项羽大怒，亲自督军攻城。外黄城小，又缺粮食，守了几天，看看力尽，守将只得带兵逃去，人民便开门投降楚军。

项羽进了城内，深恨外黄人民替彭越守城，下令：全城男子年在十五岁以上的都要出城，到城东地方听候命令。一面叫军士在城东挖下深坑，打算把他们全部活埋。

外黄人民一闻项王下了这般命令，明知性命危险，但是又不敢不遵命前往。一时，全城人心惶惶，家家啼哭，有的母亲搂着儿子，有的妻子拖住丈夫，又怕触怒驻守全城的楚军，不敢放声号哭，只是悲悲切切，涕泪交流。楚军挨户搜查，眼见全城十几万男丁就要同时枉死。

这时候外黄县令的舍人（就是门客）有个儿子，年方一十三岁，生得容貌端正，口齿伶俐，他看见全城人民遭到这般惨劫，再不能袖手旁观。他也不信项羽真是一个不可理喻的魔王，便壮着胆子，独自一个人跑到楚军营前，求见项王。

楚军将士看见一个小小年纪的儿童，居然不怕刀剑林立的军队，胆敢前来，还要求见项王。大家都暗暗纳罕，便替他通报进去。项羽听说小儿求见，也觉得奇怪，吩咐带他进来。

不多时，小儿跟了传命的兵士，走到项羽营里，规规矩矩地行了军礼。虽然项羽左右侍立着许多明盔亮甲、带剑提刀的将士，这小儿却丝毫没有惊惶失措的模样。项羽暗暗称奇，便问他为何求见。那小儿从容不迫地用着明朗的声音回答说："我有一句要紧的话，要来告诉大王。我们外黄全城人民一向都是爱戴大王的。不幸被彭越用武力打破城池，外黄人民赤手空拳，无力抵抗，天天盼望大王到来，好像大旱望雨一般。好容易盼到大王来了，把我们外黄百姓拯救出来，人人都欢天喜地欢迎大王的军队。想不到大王现在要把全城男丁杀死，那么外黄人民岂不是太冤枉了吗？现在被彭越强占去的城池还有许多。如果他们听见外黄人民被杀的事情，一定不敢投降，拼命死守。大王不是要浪费许多兵力吗？"项羽听到这句话，猛然记起，自己和曹咎约定半个月回兵，如果个个城池都死守起来，哪里赶得及？自己原恨外黄耽搁了自己宝贵的时光，才要把全城男丁杀死来警告其余各地的人民。却没有想到杀死外黄人民，各地更不敢投降。这小儿年纪虽小，说话却很有道理，不可不听。项羽想到这里，便和颜悦色地对小儿说："你的话不错。我现在就赦免外黄百姓，一概不杀。"小儿谢了项羽，自回家里。果然各地人民听说投降免死，都纷纷迎接项羽军队，不多几日便把十七座城池完全收复了。

项羽收复城池，正要回兵成皋，忽然接到前线急报说，曹咎因为忍受不了汉兵的辱骂挑战，出兵打仗，全军覆没，曹咎也自刎身亡，所有楚军珍宝辎重也都被汉兵掳去了。项羽接报大惊，连忙带兵星夜赶回。一路上不断接到败兵报告：成皋已被汉兵得去，又占了敖仓，楚将钟离眛正带了军队和汉兵大战，可是众寡不敌，已经被围。项羽急得催兵飞速前进，一直赶到荥阳，望见前面尘土蔽天，喊声动地。钟离眛率领英勇的楚军，正和汉军拼命死战。汉军人数众多，将钟离眛紧紧围住。钟离眛全无惧色，率领手下兵马，东冲西突，宛如生龙活虎一般，只杀得天昏地暗，日月无光。看看杀到午后，汉兵越来越多。

钟离眛和手下将士都还未曾进食，又饥又渴。正在危急的当儿，忽然汉军阵势大乱，纷纷倒退。钟离眛连忙乘机冲杀。一支人马像狂潮巨浪一般涌将进来。战鼓的咚咚咚声，擂得人心胆崩裂。西楚霸王的大纛（dào）早已在半空中飘飐着。这支大纛所到的地方，就像滚汤泼雪一般，汉兵一排一排地退走得无影无踪。钟离眛这才突出重围，跟着楚军，一起追赶汉兵。一直赶杀到日落西山，汉兵退入广武（现在河南省荥阳县东北）城里，项羽方才大获全胜，掌着得胜鼓，收兵回营。

广武在敖仓西边。有座高山，名为三皇山，横亘在楚、汉两军的中间。汉兵占了西边一个山头，在山上筑了一座城，称为西广武。这西广武居高临下，前面横着一条极深的山涧，地势非常险要。要是进攻的话，山地又很崎岖，也不容易绕过。所以刘邦拣了这地方来把守。

项羽看了地势，急切间无法进攻，便把全军移到东边一个山头上。对着西广武，也筑了一座城，称为东广武。这东西两个城，高度相等，险要相仿，中间相距不过二百余步远近，却被深涧隔着，双方无法接触。这在打算长期死守的刘邦，自然合适不过。可是项羽却要迅速解决战事，碰着这宜守不宜攻的地势，对他的战略实在不利。

还有一层，项羽最吃亏的地方，便是敖仓已被刘邦占去，大量的存粮都供给了汉军。楚兵必得由本国运粮前来，十分不便。何况还有彭越、刘贾不断地在后方捣乱呢？

因此，项羽心中十分着急，希望速战速决。刘邦却尽量沉住气，一声不响地消磨时间。项羽没奈何，便选了一班壮士，叫他们到营前向汉军挑战，只要骂得汉军忍耐不住，便好厮杀一场。壮士们奉命，轮流到营前叫骂。这东西广武的山头很接近，大声说话是可以听见的。汉军被他们不停的叫骂吵得心头火起，但是刘邦无论如何，总不出战。这时候，汉军中有一个壮士，名叫楼烦，射得一手好弓箭，真有百步穿杨的技巧。刘邦便派他出营去射楚军挑战的壮士。楼烦跑出营来，拈弓搭箭，向着耀武扬威、高声叫骂的敌人射去。只听得弓弦一响，楚军壮士便应声翻身落马。楚军抢回尸骸，第二个壮士又接上去叫骂。骂声未了，又被楼烦射倒。一连射死了五六个，楚军就没有一个人再敢上前叫骂了。

项羽听说汉军把叫骂的壮士射死许多，现在无人上前，不由勃然大怒，喝叫"带我的乌骓（zhuī）马来"。这乌骓是项王的爱马，浑身上下黑炭也似，并无一根杂毛，日行千里。项王骑着它在千军万马中间，冲锋陷阵，所向无前，不知建了多少功劳，所以项羽爱它简直和性命一般。当下左右牵过乌骓，项羽全身披挂，绰起画戟，飞身上马，直奔汉营。

楼烦射了一会，看见楚军没有人来，正想回身，忽然看见远远地又有一骑，如飞地跑来。楼烦暗想，这人竟不怕死，胆敢前来，索性把他也射死。便拿起弓，正要瞄准。哪知不看犹可，刚刚一对面，便突然脑筋一震。只见来将头戴黄金飞凤盔，身披连环锁子甲，跨下雄骏无比的乌骓马，手里挺着红缨方天戟，威风凛凛，英气昂昂，两道斜飞入鬓的剑眉，带着一团杀气，仿佛天神下降一般，尤其面上那一段神威，使人不寒而栗。楼烦不觉犹豫了一下。说时迟，那时快，正在楼烦迟疑的一刹那，项王已经陡地圆睁起两只光棱闪闪的眼睛，大喝一声，宛如半空响起一个霹雳，虽然隔着一段地方，还震得楼烦耳膜里嗡嗡作响。吓得楼烦浑身发抖，两只手一松，手上的弓箭跌落在地，连忙转身就走，拼命跑回营去，见了刘邦，定一定神，才能把所见之事说出来。

刘邦听说楚将这般雄猛，也不免吃惊，忙叫人打听这个猛将是谁。回报说：这人不是别个，便是项王本人。刘邦听了大惊，帐下诸将也都吃惊不小。刘邦说："项王英勇无敌，天下皆知，现在威风依然不减。我们还是坚守，不可轻敌。"吩咐各营紧闭，无论如何挑战，只是不理。诸将唯唯遵命。

项羽见汉兵坚守不出，心中焦躁，正在无可奈何的时候，忽报齐国使者到来，诉说韩信已经攻破齐国，齐王正在竭力抵抗，请求项王派兵救援。项羽听了，更加烦恼，暗想齐是东方一个大国，地广兵多，如若被韩信得去，不但可以和刘邦一东一西，腹背夹攻我军，而且这许多兵粮落到敌人手里，也是万分危险，非救援不可。只是这里和刘邦正在相持，我一走开，交给何人把守？上次交给曹咎，竟弄得全军覆没，现在万不能再有疏忽，只好派别人去了。想罢，便唤进大将龙且，叫他带了二十万兵马，星夜去救齐国。

原来齐王田广就是田荣的儿子，自从得知韩信要来攻打齐国，便和齐相田横商议，派了大将华无伤、副将田解统领大军二十万，驻扎在历下（现在山东省济南市西）地方，预备迎敌，一面打点守备。那齐国本是富裕地方，人丁强盛，物产丰饶，再加上城高池广，粮足兵精，不论打仗和坚守，都很有把握。

一天，齐王正和田横商议军事，忽报汉王派了郦食其前来求见。齐王唤他进来。郦食其到了殿下，长揖不拜，高声说道："大王拥有全齐的土地，当现在天下大乱的时候，不可不明天下大势。天下最后要归到哪个手里，大王知道吗？"

齐王暗想，他一定要大发议论，我且听他怎么说，就回答："寡人很惭愧，还不知道天下要归到谁人手中。先生远来，一定有高见。"

郦食其点头笑道："天下自然要归汉的。"齐王也笑道："先生此话从何说起？"郦食其说："论理论势，都非归汉不可。当初义帝约定，谁先入咸阳，谁就做秦王。汉王先入咸阳，这是天下应当归汉的第一点。后来项王背约，把汉王封在汉中，又把义帝搬去江南，干脆杀了。汉王起兵号召天下，替义帝报仇，这是天下应当归汉的第二点。汉王任用贤能之士，得了城池，便封给有功的将士，得了财货，便分给出力的兵卒，所以天下豪杰都愿意归汉。项王却任用私人，有功不赏，部下都很怨恨，不肯出力。这是天下应当归汉的第三点。再说现在的形势,汉已经得了三秦,破了赵、魏,收服了燕国,占领成皋险要之地,拥有敖仓无尽的粮食。天下大半已经归汉。楚的党羽越来越少,又且缺少粮食,早晚必定崩溃。大王趁早与汉联和,国家可保。要是不明大势,不识成败,一旦楚亡,齐岂能独存?"齐王听了,仔细一想,却也有理,便举手称谢说:"先生高见,真是字字金玉,寡人遵命便了。"便邀请郦食其欢宴。齐地物产丰美,席上说不尽海错山珍。郦食其本是酒徒,乐得开怀畅饮。齐王便另派了使者前赴汉王军中答礼,并且订立和约。一面派人告诉华无伤、田解,齐已经与汉和好,不要轻启刀兵,一面和郦食其日日宴会。郦食其最拿手的就是高谈阔论,最嗜好的就是美酒,有了这般好东道,自然乐而忘归。这正是:

凭将三寸莲花舌,换取千杯琥珀浆。

第十回

虞美人垓下和歌
楚霸王烏江自刎

第十回 | 虞美人垓下和歌　楚霸王乌江自刎

正在这时候，韩信的兵也到了齐的边境。韩信接到探子报告，知道齐已经和汉连和，便罢了攻齐的念头。正要下令回兵，旁边闪出一位谋士，速声阻止，说："不可，不可。将军不能这般草率。"韩信错愕一看，乃是辩士蒯彻。韩信问道："先生有何高见？"蒯彻说："将军当初受了汉王命令攻打齐国，并没有说要和齐议和。汉王另外派了使者劝齐降汉，也不曾通知将军。齐听了汉使者的话，派使联和，汉王更没有阻止将军不必进兵的诏书。为什么将军便就此罢兵？再说一句，郦食其不过一个儒生，仗着三寸不烂之舌，便劝降了齐国七十多座城池。将军是堂堂元帅，带着十万大兵，苦战了一年多，才打下赵国五十多座城池。算来将军做了几年元帅，费了无数钱粮，所立下的功劳，倒不如一个区区儒生了。"这几句话，说得韩信面红耳赤，动了嫉妒之心，不觉连连点头，吩咐全军依然向齐进发。一路上偃旗息鼓，趁着齐兵没有防备，扑了进去。

那华无伤、田解接到齐王命令，以为已经讲和，不做防备，冷不防半夜三更，汉兵忽然杀来，自然杀得大败，全军覆没。韩信乘胜进攻，势如破竹，不消几天，已经进到齐的国都临淄附近。

齐王田广接到败报，大吃一惊。田横又惊又怒，说："我国已和汉通好，为何又有这等事？这不是上了郦食其的当吗？"齐王也恍然大悟，便指着郦生骂道："你原来是出卖我们的。我们上了你的当了。现在别无话说，你要是能叫韩信退兵，我便饶你一死。要是你办不到，我便把你煮死，以出我胸中恶气。"郦食其听了，并不畏惧，也厉声地应道："这是韩信不遵守汉王命令，与我何干？老子不能管这闲账。"田广、田横大怒，喝命左右把郦食其提起，抛入滚锅里，煮个烂熟。

田广、田横这才手忙脚乱地打点出兵抵敌韩信，一面派人向项羽求救。这田广如何是韩信对手，轻轻几阵，早已丢了临淄，逃到高密（现在山东省高密县西）地方去了。

过了一个月，龙且救兵到了，和田广商议计策，决定由田广在后面策应，龙且统兵和汉兵决战。有个谋士献计说："韩信连战皆胜，又且长路远征，无路可退，一定拼命死斗。这种军队难以对敌。我兵都是附近地方的人民，都有家室，无心恋战，若和汉兵打仗，容易奔散。不如固守不出，把一切田里谷物收拾干净，一面由齐王分派臣下到各城晓谕，各处城池知道齐王尚在，楚兵求救，必定会反汉归齐。那时汉兵进不能战，退不能守，四野又没有可以抢掠的粮食，各城又都为齐死守，不消一个月，饿也饿杀他们了。"龙且听了，哈哈大笑，说："你把韩信看得太高了。他从前在过楚军，我深晓得他的根底。他年轻时候，没有饭吃，寄食在漂母都里，可见他连养自己的才能都没有。后来有个少年要他由胯下爬过，他不怕羞耻也照着做了。你想，懦怯到这种程度，还有什么勇气打仗？这种人有什么可怕？况且我这次救齐，如果不打仗，即使得胜，也没有什么功绩。要是打个胜仗，起码有半个齐国可分，这样好机会，怎么可以错过？"便不用这条计，自己带了大兵，直到潍水，和汉兵对岸立营。

韩信探得龙且要战，心中大喜，便唤进副将傅宽，附耳密嘱，命他带了兵士五千名，每人各带沙袋，乘夜先到潍水上流，寻觅河面窄狭的地段，填在河中，壅（yōng）住河水，等楚兵过河，再把沙袋提起，放水下来，不可有误。傅宽领命去了。

第二天，韩信升帐，命灌婴、曹参各带一万兵士埋伏在河岸芦苇中间，等到楚兵渡水，截他的归路。灌婴、曹参领命去了。韩信自己引了大军徐徐前进，到了潍水岸边。这时候河水上流已经被傅宽部下用沙袋壅住，河中水浅，可以涉过。韩信便命军士涉水过岸和楚军交战。龙且闻报汉兵涉水过河，忙披挂上马，大开营门迎敌。一眼望见汉兵正在纷纷涉水，只有一部分已经上岸，龙且便挥军大战。汉兵上岸不久，队伍未整，战了一会，便都纷纷败退，都跳下水去。龙且看了呵呵大笑，说："我早知道韩信是无用的懦夫。这般兵马，也来送死。"忙令全军乘胜过河追赶。龙且匹马当先，带了兵士涉水过河，韩信带了汉兵，如飞地退走。楚兵也奋勇向前追赶，赶了一程，忽然后面喊声大起，曹参、灌婴两军从后面追来，前面韩信也回兵大战。前后三路汉兵夹攻楚兵，把龙且团团围住。龙且奋勇死战，还指望后面军队来救。谁知龙且过河不久，傅宽便把沙袋提起，河水汹涌地流下，把正在过河的楚兵都冲倒水里，淹死了几百人。河水登时涨高了几尺，把楚军截在东岸，无法过河。

龙且战了多时，救兵不到，自然全军覆没。汉兵取了龙且首级，隔岸招降楚兵。楚兵见主将已死，都四散逃走去了。韩信乘胜渡水，追击田广，把田广杀死。田横闻说田广已死，便自立为齐王，率兵抵抗，也被杀得大败逃去。齐地都入了汉兵手中，韩信派人向刘邦报捷。

这时候，刘邦正和项羽在广武相拒。项羽百般挑战，刘邦只是不出。转眼已经好几个月，楚军粮食无多，项羽焦灼万分，想来想去，忽然想到刘邦的父亲刘太公和刘邦的妻子吕氏一向养在军中，毫无用处，不如把他们来挟制刘邦，要他降服。便吩咐做一个很高的俎（切肉用的砧板），把太公缚在俎上，好像就要被宰的猪羊一般，安放在汉军望得见的地方，派个人到汉营去约刘邦出来面谈，刘邦不知是什么事，果然到了广武涧边和项羽遥遥相见。

隔了一道深深的广武涧，这两个对头冤家重新见面。现在不是鸿门宴的时候了，刘邦再也不必服低做小。大家招呼过了，项羽便开言道："我们打了几年仗，实在没有什么意思。你还是早早投降吧。要是你不肯投降，那么对不起，请你看一看这个。"说罢把鞭梢一指，刘邦随着鞭梢望去，只见楚营旁边，自己父亲太公高高地被绑在俎上，不由吃了一惊。项羽接着说道："你看见了吗？再不投降，我只有把你父亲煮了。你可想清楚了。"刘邦听了，又看了太公一眼。他知道项羽是杀人不眨眼的，一向不知煮了多少人。太公在他手中，自然由他摆布。可是自己投降过去，是不是能救父亲，也是没有把握。偌大基业，一下子拱手抛弃，是万万舍不得的。想了一会，微微冷笑答应说："你想错了。我当初和你一同做楚怀王臣下的时候，不是说过要同生共死，和亲兄弟一般吗？那么，我的父亲就是你的父亲，你要是高兴把你的父亲煮了，务必也分一杯肉羹给我。"说罢又微微冷笑，一点儿也没有惊惶的模样。

项羽听见刘邦这般回答，不由气得暴跳如雷，说："好！好！你这般嘴硬，我就煮了给你看。"喝叫左右："快点把他煮了。"左右答应一声，正待动手。旁边转上项伯连忙阻住说："且慢，这件事还得三思。"项羽愤愤地说："还留他干吗？"项伯说："现在战事的胜败，还不能决定。刘邦一心要得天下，还管什么家庭？我们杀了他父亲，什么好处也没有，只不过加添刘邦对我们的怨恨，他更加不肯投降，一定会出死力相争。不如留着，倒可系住刘邦的心。"项羽听了项伯的话，觉得也很有理，想了一会，遏住怒气，又把太公放下。

过了几天，项羽又和刘邦在涧边见面。项羽说："天下打了许多年的仗，就为了我们两个，干脆我们两个人单身匹马决个胜负。何必要连累军士和老百姓呢？"刘邦暗想这话说得真漂亮，我哪是项羽对手？便笑嘻嘻地应道："我情愿和你斗智,不能和你斗力。"项羽愤怒说:"我们的事情应当由我们自己解决,为什么要搅得天下不安?来!我和你斗三百个回合,逃避的不算好汉。"说着把缰绳一揽,虎虎地站在涧边,眼睛盯住刘邦,等他答复。刘邦暗想:"不好!我要是再拒绝了,被左右将士看轻。"他眉头一皱,计上心来,立刻把脸色一沉,轻蔑地说:"哼!你是什么样的人,我值得和你交手?你有十条大罪,你知道吗?当初怀王约定谁先入关谁做秦王。你负约,把我搬到汉中,这是第一条大罪。你假传怀王旨意,杀死宋义,这是第二条大罪。怀王派你救赵,不曾派你入关,你救赵之后,并不回楚,擅自带了诸侯入关,这是第三条大罪。你烧了秦宫,掘了秦始皇墓,掳掠许多财宝,这是第四条大罪。你擅自把秦王子婴杀了,这是第五条大罪。你用了诈计把秦降兵二十万坑死新安,这是第六条大罪。你把所爱的诸将都封在好的地方,反把原来的各国国王搬到荒僻的地方去,这是第七条大罪。你自己占了许多地盘,又把义帝逐去,自己占了楚的国都彭城,这是第八条大罪。你又使人暗杀义帝,这是第九条大罪。你抓住天下大权,却干了许多不公不平的事,天下都恨你切齿,这是第十条大罪。我带了大兵来讨你的罪,只消派下贱的罪人与你厮杀,你怎配和我交手。"说罢又冷笑一声。

项羽听见刘邦公然当面数说,直气得七窍生烟,恨不得扑过涧去,拼个死活。他咬住牙齿,握紧拳头,把手中画戟一招,左右五百名弓弩手登时拉满弓弦,流星般地把箭矢攒射过去。刘邦不及提防,正中胸口,翻身落马。汉军将士连忙一拥上前,扶救刘邦回营。刘邦自知伤势不轻,只怕军心摇动,咬着牙,忍痛把箭矢拔出,抛在地下,却高声咒骂道:"该杀的奴才,把老子的脚趾头射破了。"一面摸着脚,一面大骂。兵士们听见是脚指头射伤,料想没甚关系,便都放下了心,这也可见刘邦是怎样一个机警的人。

回到汉营,伤口血流不止,刘邦一连昏过去几次,病势十分严重,好几日躺在床上，不能外出。各营军上也渐渐觉到了，大家交头接耳，纷纷议论，都说汉王箭疮一定沉重，万一有什么意外，如何是好？张良听见这些闲话，唯恐军心摇动，暗暗捏一把汗。好容易盼到刘邦伤口稍为痊愈一点儿，就劝刘邦巡行各营，以息谣言。刘邦无可奈何，只得坐上小车，左右拥护着，到各营巡行一周。大家看见刘邦还能出来巡营，才相信伤势无妨。刘邦趁势回成皋城里养伤。

项羽看见刘邦坠马，心中大喜，忙派探子打听消息，一面调兵预备进攻。谁知探子回报，刘邦仅仅被射伤脚趾，还能出巡各营。项羽一团高兴，化为乌有。

过了两个月，刘邦伤势渐渐平复，又到广武来和项羽相持。忽然韩信使者到来，报说齐国平定的事。刘邦大喜。使者又呈上韩信书信。刘邦拆开一看，信中说齐国虽然平定，但是齐人心眼最多，南边又紧接楚国边界，恐怕不大靠得住。臣权位太轻，难以服人，请暂时做个假王，才好放手办事。刘邦刚刚看到这里，不觉勃然大怒，厉声大骂说："我在这里挨惊受苦，专望你赶快回兵来帮我。你倒想做起王来……"还不曾骂完，早把旁边的张良、陈平两个人急杀。他两人只怕刘邦和韩信吵翻了，误了大事，又碍着韩信的使者在前，不便拦阻，只得暗暗去踹刘邦的脚跟。刘邦倒也乖觉，立刻住口。两人赶快附着刘邦耳朵低声说道："我们正在困难关头，怎能禁止韩信不做齐王？大王赶快顺水推船，立他做王。要不然，顷刻祸起，后悔无及。"刘邦猛然觉悟，立刻又转口大声骂道："大丈夫既然立下了这般大的功劳，就是做个真王也不为过。做什么假王？老子就不喜欢这么不痛快！"吩咐赶快铸齐王金印，派张良随同使者一同到齐，立韩信做齐王，并且催他即日出兵攻打楚国。

张良去了，刘邦又想现在天下一半已经归汉，项羽势力日小。万一将来项羽力穷，又把太公拿出来挟制，如何是好？想了一会，便唤陆贾进来，吩咐他前往楚军，和项王约和，请他把太公、吕氏送回汉军，大家罢兵。陆贾去了。刘邦又封英布做淮南王，命他去勾结周殷，一同截断项羽的后路。

这时候，项羽也已接到龙且全军覆没的消息，心里大惊，暗想韩信如此厉害，一旦帮刘邦前后夹攻，岂不危险？筹思了多时，想不出计策来。大将钟离昧说："韩信从前本在我军，大王待他不错。现在不如派人去劝他不要帮助刘邦，韩信为人很忠厚，臣想或者可以办到。"原来钟离昧和韩信很要好，所以想出了这个计策。项羽细想也没有别计可行，便派了武涉去见韩信。

武涉刚刚去了，陆贾便来到楚军，说明求和的意思，请放太公、吕氏回汉。项羽暗想，现在楚军并未打败，东南一带还是我的势力，只要韩信按兵不动，天下事还有希望，便一口拒绝，不管陆贾怎么说，总不肯听。陆贾无奈，只得回去。

不多几日，张良到了齐国。韩信受了王印，择日登了齐王的宝座，南面称孤，好不得意。张良聪明绝顶，一言一动，都使韩信感到刘邦真是他生平唯一的知己，果然点齐兵马，预备去攻打楚国。张良去后，武涉恰好也到了。韩信唤他入见。武涉说："项王派臣来贺大王。大王今天做了齐王，和楚国接界。彼此邻国，应该和好。当初项王和诸侯起兵，是为了诛灭无道的秦。秦亡了，大家按照功劳，各封土地，让士卒休息。不想汉王不服分配，擅自出兵，占了许多地方。他的意思简直要把整个天下都占去，这样贪心不足的人，怎么可以和他相处呢？大王以为汉王待大王好，那就完全错了。当初汉王多少次在项王掌握里，项王宽宏大量，让他活着。他一得性命，立刻就反面无情。他是这样靠不住。现在他所以不敢和大王翻脸，是因为项王还在的缘故。项王一旦败北，汉王一定不容大王。大王原和项王相熟，为何不和项王联合？三分天下，各享富贵，岂不美哉？大王要是相信汉王，帮他攻打楚，楚国一亡，大王也就完了。"韩信新做了王，心里高兴得很，哪肯听武涉的话，便冷笑一声说：

"对不住，请你替我回复项王。我在项王手下好几年了，职务不过执戟侍立，官位不过郎中。我在汉军中，汉王一见，立刻拜我为大将，带领数十万大军，计无不听，言无不从，才有今天的地位。人家待我这般好，我却亏负良心，岂有此理？请你替我回报项王。"说罢，不由武涉分说，便拂袖而入。武涉碰了一鼻子灰，没奈何，怏怏回去。

武涉虽然劝不转韩信，却惊动了韩信身边一个谋士。这人不是别人，便是蒯彻。他看见张良、武涉仆仆往来，心知楚、汉双方都要拉住韩信做个帮手。替韩信个人打算，也是维持了双方的均势，方能长保权位。要是一方灭亡，韩信之祸也必不远。便想劝告韩信，无奈韩信身边护卫甚多，不便当众明言。他打定了主意，次日一早来见韩信，对韩信说："臣懂得相人的法子，凭着人的相貌，仔细分析，便知道这人一生的贫富穷通，百不失一。"韩信高兴了，说："原来先生还会看相。请问先生凭什么来断定？"蒯彻说："要知道一个人的贵贱，只消看他的骨骼。要知道一个人有忧或是有喜，只消看他的容色。要知道一个人的将来成败，只消看他的决断能力。把这三种参合起来，没有不奇验的。"韩信夸奖说："先生的话很高明。那么请相寡人将来如何？"蒯彻听说，便故意仔细向韩信脸上瞧了一会，又走到韩信旁边、后面，前前后后都看了一会，方才慢慢说道："请大王恕臣无罪，才敢直言。"韩信说："那是自然，先生尽管直言，不须隐瞒。"蒯彻又故意做出欲言不言的态度，方才不得已地说："臣相大王的面，不过封侯而已，又且危险不安。可是大王的背，却贵不可言。"韩信诧异说："这话怎么说？"蒯彻说："请大王屏退左右，臣才敢直言。"韩信已被蒯彻弄得迷迷惑惑，真个命左右完全退去。蒯彻看清左右无人，方才说道："现在楚、汉争战三年，人民死者无数，双方相持不下。除了天下英雄，不能拯救天下大祸。现在楚、汉两王的性命都掌握在大王手里。大王帮汉汉胜，助楚楚强。替大王打算，最好双方都不帮，收拾全齐兵力，制止双方的争斗，自然天下人民都要感德大王。分裂土地，封建弱小的国，诸侯都要归向大王了。那时大王可以握天下的大权，这是千载一时的机会。"韩信听了，才知道蒯彻说的相法，完全一篇鬼话，不过骗得韩信遣开左右罢了。便回答道："汉王待我极好，我岂可负他？"蒯彻说："大王错了。当初张耳、陈馀是刎颈之交，因为张黡、陈泽的事情，弄得二人不和。张耳跟了大王打败陈馀，将陈馀杀死在泜水之上。大王和汉王的交情，当然比不上张耳、陈馀二人，可是比张黡、陈泽更大的事情又不知有多少。大王以为汉王会永远和大王合作吗？大王功劳过大，无人可比。归汉汉人害怕，归楚楚人害怕。大王还想归谁？"韩信被他说得毛骨悚然，心里也犹豫不定，沉吟了一会，蒯彻又说："大王不要自误，这是千载一时的机会。失去这个机会，后悔就来不及了。"韩信拱手称谢，说："先生良言，我韩信十分感激。但是这事情太重大了，我还得仔细想想。先生且去休息。"蒯彻又劝了一番，方才退出。

韩信这一夜翻来覆去，总睡不着，把从前和现在细细比较，又把天下情形细细推想，觉得自己以前那般不得意，刘邦却一下便提拔做了元帅，这是何等的情谊，怎么可以相负？又想张耳、英布都没有什么大功，尚且被封为王，我韩信建下这般大功，替刘邦打平了魏、代、赵、燕、齐许多国家，便做个齐王，有何过分？难道刘邦还好意思夺我的齐国吗？又想到刘邦一向对我言听计从，这般倾心吐胆地待我，我怎么好翻起脸来！想来想去，总觉得良心上说不过去。

过了几天，蒯彻又来见韩信。这番左右在旁，蒯彻不便直言，只隐隐约约地劝韩信别失了机会。韩信默然不语。蒯彻知道他不用这计，恐怕将来韩信反把自己杀死，便假说有病，逃走去了。

武涉回到楚军，报告项羽。项羽知道韩信不肯背汉，心里十分着急，眼看粮草用尽，汉兵还是不出。忽报燕、赵各国都派兵来帮助汉王，齐王韩信也已出兵要打楚国。项羽暗想自己的兵马自从龙且带去二十万以后，剩下不过十几万人。汉兵日日增加，这便如何是好？正在烦恼，又报汉王派使者侯公前来求和。项羽唤他进来。侯公口若悬河，滔滔不绝，极力说明刘邦一向和项羽怎样要好，现在情愿平分天下，彼此罢兵休息，请项羽放回太公、吕氏，永远和好。项羽听了侯公言辞，暗想自己现在实在没有打胜的把握，不如和了也好。寻思一番，便允许了，派了使者正式和汉磋商条件。

刘邦听说项羽肯放太公、吕氏回汉，心中大喜，自然一切条件都好商量。不多几日已经议妥。楚、汉两国，以鸿沟为界。原来这鸿沟就在荥阳东南，是战国以后利用自然水道所开的一条运河，西北通黄河，东南通淮水，是我国古代最重要的一条水上交通线。当时刘邦、项羽两面商定，鸿沟以西属汉，鸿沟以东属楚，双方和好，不再争战。定了九月吉日，订立和约，楚把太公、吕氏送回汉军，然后退兵。

到了定约这一天，荥阳城外筑起高坛，坛上坛下插满了旌旗，楚、汉两军喜气洋溢。项羽、刘邦都穿了礼服，乘着銮驾，摆开仪仗，无数将士簇拥着。到了坛上，举行隆重的结盟仪式，宣布从此永息干戈，双方和好。两军将士齐声欢呼，震动天地。自从鸿门宴后，楚、汉足足打了五年的仗，别说老百姓，连双方将士也已十分厌倦。今天定了和约，大家自然都很高兴。

在坛上，项羽和刘邦又一度见面。这不是鸿门，也不是广武，大家都显得十分客气。盟约一定，项羽如约派人把太公、吕氏送还刘邦，自己便拔营东归。他虽然做了楚王，却年年南征北讨，已经三四年没有回到国都彭城了，自然归心似箭。刘邦却另有打算，他接回父亲妻子后，便暗暗和张良、陈平商议，一面又派了几个使者星夜分头通知韩信、彭越、英布，叫他们赶快进兵，三面阻击项羽的归路。自己也拔营向东追赶。

项羽在东归路上，走到固陵（现在河南省淮阳县西北）扎下营盘，和美人虞姬在帐中饮酒。忽然项庄慌慌张张地跑来说："刚才探子来报，汉兵已经追来，人马很多，明天大约就要追上我们了。"项王"啪"的一声把酒杯掼在案上，霍地站起身来，眼睛里闪着怒火，愤愤地骂道："好不要脸的刘邦，这般无信，欺人太甚！"喝命各营明天一早整队出战，杀他一个下马威。楚军知得汉军背约来追，无不咬牙切齿，都愿拼一个你死我活。

第二天，天色刚明，楚军已经摆好阵势。只听得咚咚咚战鼓的声音渐渐越来越近，汉兵果然漫山盖野地追来了。汉兵本来惧怕项王，这番明欺项王兵少粮尽，才敢追赶，如今看见楚军已经摆好阵势，不由都吃了一惊，只得也扎住阵脚。三通鼓罢，项王怒气勃勃，挺戟跃马，大喝："刘邦无耻小人，竟敢背盟负约，还不出来受死？"把手中画戟一招，楚军发一声呐喊，山崩天塌一般，一齐扑了过去。项王一马当先，领着左右勇将，冲进汉军，如入无人之境。身边百十个将士也都英勇百倍，只杀得汉军尸横遍野，血流成河。汉军抵敌不住，纷纷败退。楚兵踏着血海尸山，紧追不舍。钟离眜一眼瞥见刘邦正由诸将护住飞逃，连忙飞马去追，大叫："刘邦休走！"刘邦吓得急急加鞭拼命逃走。樊哙连忙拦住钟离眜，提刀就砍。钟离眜只得抢枪接战。战了几合，樊哙眼见汉军全都溃退，不敢恋战，虚晃一刀，也败了下去。

这一场大战，汉兵二十多万，折了三分之一。刘邦逃到半路，收集残兵败将，靠山傍水，扎下营盘。项羽因为天色已晚，方才收兵回去。

第二天，项王督了将士来攻汉营，刘邦哪敢出战。项王攻打了一天，因为粮食已尽，料到刘邦又是抱定"死守"主意，只好撤兵，仍向东回去。

刘邦知道项羽已经去了，便问张良道："各方兵马都不肯来，如何是好？"张良沉吟了一会，说："这也怪不得他们不来。现在的大势，楚已经就要败了，可是韩信和彭越还没有得到酬报，自然不愿出力了。大王要是舍得和他们共分天下，马上就可以使他们来。"刘邦睁圆了眼睛说："还应该怎样酬报他们啊？"张良悄悄地说道："这次韩信做了齐王，并非出于大王本意，他心里总有点不安。他的家乡在楚地，希望能得到故乡土地。彭越一向因为魏豹做了魏王，所以他只做魏相。现在魏豹早已死了，彭越自然也希望做王了。大王要是肯把楚地分给这两个人，那就容易了。"刘邦听了，伸手挠着脑袋，仔细想了一会，自己打了许多年仗，好容易有打败项羽的机会，却把楚地都分给他人，不是白白费力吗？可是没有他们，项羽是万万打不倒的。现在是"落水要命"的时候，只好将来"上岸"以后再算账了。想定了便慷慨地答应，派使者去告诉韩信、彭越说："如果打败了楚，把楚地一半分给彭越，还有一半封给齐王。"韩信、彭越两人接到命令，果然即日出兵。一面刘邦又派人去催促刘贾、英布一同进兵，自己带了汉兵，远远跟在项王的后面，专等各方兵来。

项王带了身经百战的楚军，离开固陵，向东进发。他知道汉军一定还要跟在后面，便唤进项伯、项庄、钟离眛、季布一干将士，商议说："刘邦欺我粮尽，一定紧跟不舍。我且诱他深入重地。彭城还有十万守兵，可以由北迎战。周殷还有二十万军队驻扎在舒（现在安徽省舒城县）地，可以由南进攻。那时我们回兵，三面夹攻，不怕刘邦飞上天去。"季布说："周殷正镇守九江地方，堵截英布。恐怕英布也跟着北上，岂不麻烦？"钟离眛也接着说："我们全靠彭城一带守兵堵截韩信南下，恐怕动不得。"项王沉吟了一会说："也罢。刘邦的军队脆弱得很。当年彭城一战，我们三万人还打败他五十多万兵马，何况我们现在还有十万精兵呢？"说罢又顿足道："英布、韩信，我几时亏待过他们？却去帮这等反复无信的刘邦来跟我作对。"几句话说得大家都低了头，沉默无语。项伯眼睛一转，蓦地想起一事，便向项羽说："现在彭城方面十分重要。我想先去观察形势，好堵截韩信军队。如若可能，抽派一部分军队前来接应更好。"项王欢喜说："叔叔肯去，那好极了。接应倒不必，汉兵我自会对付。只消堵住韩信就行。再运些粮食一路迎上来，我军粮草快完了。"项伯满口答应说："这个自然。"项王又对项庄说："你也去周殷那里，叫他好生防备英布。"项庄也领命去了。

项王派了两人去后，依然率兵东进，因为粮食不够，不能不随地补充，就走得慢了。

这一天楚军正在前进，忽然项庄一马跑来，喘吁吁地向项王报告说："不好了！寿春（现在安徽省寿县）已经被刘贾攻破。周殷也反了，倒和英布合作起来，把九江的兵全部向北推进，不久就要到了。南边的路已经断了，我只好回来。"项王一听连周殷也反了，不由烈火冲心，握着拳头，咬紧了牙，咐吩停下军来，对诸将说："现在我只有趁着英布没有来的时候，把刘邦先解决了，省得他们联合起来。只是彭城方面，好几天没有消息了，只怕叔叔堵不住韩信，那就糟了。"话还未毕，探子飞马来报："韩信军队三十万已经南下，和汉军合在一处，从后面追来。"项王不觉怔了一怔，可是立刻又恢复了庄严威武的态度，把眼睛向左右一扫，像闪电一般，英气逼人，郑重地说："诸位，现在我们已经到了严重关头，不能不和这班忘恩负义的人决一死战。我们楚军自从起义以来，血战八年，从未败过。我们要保持这常胜的荣誉。现在还有十万人，不算不多。只是粮食快完了，利在速战速决。就在明天，我们要和汉军拼个死活。"说着脸色凛冽得像罩了一层冰霜似的。

这一夜楚军戒备得十分严谨，天一亮就全体进餐，准备厮杀。项王派钟离眛和季布分头领左右两翼，自己带同诸将在中军迎战。

却说刘邦已接到了项伯将彭城迎降韩信的消息，知道项羽后路已断，十分高兴，只是还怕项王英勇，不敢进逼。一直到了韩信兵到，刘邦忙把剑、印交给韩信，请他带领齐、汉两军，向前追赶，刘邦自己却躲在后面管理辎重。

韩信领了剑、印，上了将坛，召集汉、齐两军，一同听令。派将军曹参、靳歙、樊哙、灌婴、王陵、杨喜、王翳、吕马童、吕胜、杨武十人,各带汉军二万,十面埋伏,只听中军金鼓暗号,便分批出来接战。鼓声一变,尽管退去。十人领令去了。韩信又传令齐军三十万人随帅旗出战。将军陈贺领右翼,孔聚领左翼。战时,左右两翼按兵不动,只等中军退后,楚兵追上,方可出兵截断楚军归路。另派张良、陈平一班谋士跟汉王在后山驻扎,由周勃等一干汉将随同保护。再令彭越、英布、刘贾由三面夹攻楚军。

原来汉兵屡战屡败,吃尽楚军的苦。但齐兵却打败过楚将龙且。所以韩信派齐军当先,汉军只担任埋伏和接应,以免望风奔溃,牵动全局。

当日韩信催兵前进,到了离垓下(现在安徽省灵璧县东南)不远地方,望见楚军已在前面扎定阵势,果然人雄似虎,马骏如龙,阵势十分严整。韩信传令扎下阵脚。三通鼓罢,旗门大开,楚、汉两军一齐呐喊。项王全身披挂,亲率随身将士,冲杀过来。齐军不知项王厉害,连忙接战,战不到几个回合,早被项王冲开阵脚。楚军一齐踩进阵来,逢人便砍,遇马便刺,杀得齐军纷纷倒下。因为韩信军令极严,虽然大败,还不敢公然奔溃,仍是有秩序地倒退下来。楚军已经得手,哪肯放松,紧紧地向前压迫。齐军站脚不住,大败而逃。韩信在阵后望见齐兵已经无法支持,连忙鸣金收兵。齐兵一听金声,恨不能身生两翅,拼命飞跑。楚军也火速向前追赶,只杀得齐兵抛戈丢甲,没命飞逃。楚军追了一程,忽听汉军金鼓齐鸣,左右杀出两支伏兵,为首的大将便是曹参、靳歙。他们放过齐军败兵,却由两旁夹攻楚兵。楚军也分出左右两支兵来,由钟离昧、季布迎住曹参、靳歙大战。汉军虽是生力军,却因一向打不过楚军,气先馁了,只能勉强招架。楚军是越战越长精神。不多时,汉军早已站不住脚,往后倒退。恰好一阵金声,汉军趁势急急逃走。楚军正要向前急追,忽然鼓声又响,汉军又冲出两支生力军来。为首大将便是樊哙、灌婴,拦住楚军。楚军抖擞精神,大呼酣战,只杀得烟尘滚滚,日月无光。战够多时,汉军支持不住，只得败了下去。项王见汉兵这般无用，和当年彭城大战时候一般，便催军再追上去。但听一阵鼓声，又杀出王陵、杨喜两支伏兵来。楚军杀得性起，哪肯住手，都拼命冲了上去。刚刚战了几合，这两支军便往后倒退。项王和楚军乘胜追赶，杀得汉军尸横遍地，楚军身上都溅满了鲜血。忽然西南方面鼓声大震，周殷、英布率领二十万精兵，风驰电掣般扑到。钟离昧连忙领了三万楚军迎敌。英布原是骁将，在楚军多年，军队精整和楚军差不多，恃着兵马众多，把钟离昧团团围住，喊杀的声音天摇地动。项王正待催兵救应，汉军里早撞出王翳、吕马童两支兵来。忽然北面喊声大起，彭越、刘贾也带了二十万军队赶到。季布火急分兵抵敌。正在这时候，前面鼓声又起，韩信带了二十万齐兵，回头迎战。这时楚军不满十万人，汉兵却不下六七十万，像汪洋大海一般，包围着几个小岛。楚军已经苦战一天，汉军却有不少生力军。在这样艰难的环境下，英勇的楚军依然活泼得和生龙活虎一般，随着项王东冲西突，杀死汉军不计其数。但是杀透一层，又是一层，打败一万，又是一万。只杀得项王汗透重袍，眼看自己的兵士一天没有吃饭了，恐怕疲劳太过，估计汉兵数量是杀不完的，不如突围出去再说，便把辔头一带，那乌骓便放开四脚，豁喇喇冲了出去。项王一支画戟，搅开了一条血路。楚军跟着杀出。汉军抵敌不住，被项王杀出重围。

项王回头一看，北方一支楚军被汉兵围住，心知一定是季布，忙大喝一声，带了楚军向北冲去。季布正和彭越苦战，楚军人少，渐渐不支。忽见彭越军队大乱，季布连忙趁势冲出，和项王会合。一部分楚军却被彭越截住了。

项王检点军队，伤亡的已经不少，正要向南去救应钟离昧，忽然前面喊声大起，吕胜、杨武带领四万人马杀来，后面韩信也催动大军追赶。楚军连忙分头接战，且战且走。不防孔聚、陈贺带了十万齐军迎头截住归路，又把项王、季布围得水泄不通。项王杀得性起，展开画戟，忽上忽下，忽左忽右，如同风飘柳絮一般，挑死了汉军不计其数。这些楚军也都是百战英雄，一个个浴血苦战，杀死了几万的汉兵。无奈汉兵委实太多，密密层层，杀退一批，又来一批。看看杀到天黑，忽然汉军阵势大乱，钟离眜浑身血污，带了残兵，撞进围来救援项王。项王大喜，忙同季布一齐冲了出去。

这一场大战，汉兵死亡了十几万。楚军也丧失了三万人。项王带了残兵，向东退走。四面八方的汉兵紧紧追赶。项王只得奔回垓下大营，收集人马驻扎。韩信、英布、彭越也都追到，把项王的营垒团团围住。

原来垓下这个地方，四面绝壁，无人居住，项王依山扎营，所以汉兵不能攻进。

当夜月色微明，项王在山上远望，只见汉兵营幕连绵不断，把这山围了好几层。旌旗遍野，刁斗不绝。项王不觉长叹一声，想起自己身经百战，没有一次不大获全胜的，不想今天围在这里，内无粮草，外无救兵，明天能不能冲出去，很少把握。想不到区区韩信，竟比刘邦强得多。看了一番，闷闷回到帐中，吩咐左右好好把乌骓喂饱，明天还要厮杀，不要难为了它。

虞姬看见项王今夜神气和平日不同，也知道事势紧急。她心中早安下主意，并不露出惊惶，依然很安详地替项王卸下金甲。甲上鲜血凝结成片片红冰，抖散满地。项王闷闷躺下，满腔心绪，像沸水一般在胸中翻腾，总睡不着。忽然隐隐约约听见远远一阵风吹送来一片歌声，悠扬凄婉，好像从前曾经听见过的。侧耳细细一听，却是楚人常唱的楚地土歌。项王原是楚国将门出身，故乡腔调，入耳特别刺心，觉得有一种说不出的怅惘滋味。再听一听，这歌声越来越近，非常清晰，并且唱的人也越来越多，四面八方都布满了楚歌的声音，此唱彼和，悠扬不绝，听起来何止十万多人。项王霍地推开被窝，站了起来，吃惊地说："糟了！难道彭城已经被汉军占了吗？难道楚地都投降了汉军吗？为什么汉军里有许多楚人呢？唉！"他扑地坐了下来，心里像乱丝一般，想到楚地和彭城要是都已失去，自己即使杀出重围，也是无家可归。而且今夜的楚歌，楚军一听也要勾起思乡的情绪，明天能不能像从前一般死战，很难有把握。何况粮食已尽，又不能多挨时日。他想到这里，觉得已经到了山穷水尽的地步，一世英名竟弄得这般结果，不由把手在桌上一拍，唤左右："酒来！"左右连忙捧上酒壶。虞姬斟了一杯美酒，递与项王，自己也在旁陪饮。项王喝了几杯，更勾起无穷心事，眼看着花容月貌的虞姬，今夜还在这里饮酒，不知明天怎样结局。想要带她杀出重围，又不可能；抛掉她又不忍。这便如何是好！想了一番，不免英雄气短，儿女情长，一双虎目滚下了两行热泪。左右侍卫看见项王悲伤，都暗暗啜泣，呜咽无声。虞姬更是掩着袖子，簌簌地落下许多泪珠。过了一会，项王慨然拔出腰间宝剑，就在帐中舞了起来，把一腔抑郁不平之气，完全寄托在剑锋上面。舞得特别快，好像疾风暴雨一般。剑光霍霍不定，盘绕在项王周身，仿佛一团白雪。舞到后来，剑光瞥然收住，却发出了项王高亢激烈的歌声，像敲金裂帛一般：

力拔山兮气盖世，时不利兮骓不逝。
骓不逝兮可奈何！虞兮虞兮奈若何？

唱到末了两句，激烈的声音转成了酸楚的腔调，更觉得悲壮凄凉，刺人肺腑。项王停了一停，重又再唱一遍。虞姬听得项王歌词，暗想项王英雄盖世，到了穷途末路，还念念不忘自己，又感动，又悲伤，便也跟着项王歌唱了一遍，然后顺手接过项王手中宝剑舞了起来。这时候，不要说虞姬手颤心伤，剑法散乱，就是项王也无心赏鉴。舞不多时，虞姬便收住剑，含泪说道："妾有和歌一首，请大王垂听。"说罢，幽幽咽咽地唱道：

> 汉军已略地，四面楚歌声。
> 大王意气尽，贱妾何聊生。

唱罢，满脸泪痕，呜咽地说："大王保重自爱，不要为妾牵心。明天大王冲锋，妾是女子，无力跟随，也不能做汉军的俘虏。就此告辞，省得拖累。"说罢，慷慨地回手一剑向粉颈刺去。可怜：

> 香魂夜逐剑光飞，青血化为原上草。

项王见虞姬已死，大哭一场，吩咐左右草草埋葬。后人因虞姬贞烈明决，谱了歌曲来唱，名为《虞美人》调。又相传楚地有一种花，花叶两两相对，是虞姬的血入地所生，人若向它唱《虞美人》曲，这花便会摇动，好像美人舞姿，因此也把它名为虞美人花。这种民间传说的发生，都为了哀怜虞姬而起的。有名的京剧《霸王别姬》，也是取材于这段故事。

当下项王寻思，汉军重叠包围，天明恐怕难以冲出，还是趁黑夜悄悄脱身。彭城大约已失，只有向南到江东整顿兵马，还可以卷土重来。想定了，便命人牵来乌骓，披挂上马。左右壮士都情愿跟随项王同走，大家乘着黑夜，悄悄下山，抹过汉军营盘，方才向南飞驰。走了一程，天色微明，项王检点随从，共计八百余人。且喜汉军不曾追来，便放辔一直跑去。那乌骓日行千里，诸将士如何赶得上？一路上掉队的人很多，渐渐人数减少。到了渡过淮水时，只剩下一百多人了。

过了淮水，依然向南飞驰。不觉到了阴陵（现在安徽省定远县附近）地方，好几条小路分歧，不知向哪一条路走好。恰好田边有个老头子，坐在树下晒太阳。项王便动问说："请问那一条路好过江？"老头子抬头一看，看见项王一行人众,身上战袍染了许多鲜血,手里都带着兵器,骑着战马。他暗想这一伙准是打败的残兵,要想逃到江东去。他们一向残杀良民,我且骗他一骗。便伸手指道:"向左边那一条路走,便是。"项王性情率直,再不想这老头子有心骗他,真个向左边小路走去。

谁知这条路越走越泥泞,越走越低湿。马脚踩在烂泥里拔也拔不出。左转弯,右抹角,走来走去,总走不通。原来是一个极大的大泽,并不是江边。等到走了许多时光,才发现上了老头子的当。大家急急重新掉转马头,辛苦跋涉,费了无数力气,方才寻着大路,可是已经只剩下二十八骑了。

项王率同二十八名勇士刚刚踏上征途,后面尘土飞扬,汉军已经追到。原来汉兵直到天明才发现项王已经逃去,连忙派灌婴领了骑兵五千人追赶。汉兵虽然善骑,也赶不上项王。偏偏项王在阴陵误陷大泽,耽搁许多时光,以致被汉兵赶上。

项王一见尘头很高,知道兵马不少。自己身边只有二十八人,且又十分疲乏,看光景是不能逃脱的了。便慷慨地向跟随的勇士说道:"我起义兵已经八年,经过大小七十余战,战无不胜,攻无不取。想不到今天会落到这般下场。这是天意要灭亡我,并不是我打得不好。今天当然只有战死,但是我必要斩将搴(qiān)旗,连胜三次,让诸君知道这是天亡我,不是我战术不精。"说罢便带了诸人一同到一座小山上面。汉兵已经和怒潮一般滔滔涌来,看见山上有楚军,料知是项王,便把小山围得水泄不通。项王命二十八人向外排成圆形,说:"现在我们分成四队,四面冲下。诸君看我取他们一员将领的首级。以后我们在山的东边会齐。"说罢,大喊一声,宛如半空霹雳。二十八骑应声由山上分四面飞驰冲下。汉军不知哪个是项王,都吓得四散分开。项王一戟刺去,挑下汉将一员,取了首级,径向山东驰去。杨喜看见项王东驰,连忙放马来赶。项王回头一看,睁圆眼睛,大喝一声,恰似巨雷一般,吓得杨喜心胆俱堕，几乎跌下马去。连马也惊得大跳起来，拼命向后狂奔。杨喜伏在鞍上，不敢睁眼，一直退到几里以外，才喘吁吁地停了下来。

项王跑到山的东边，会合了二十八人。这时候二十八个勇士也已经杀得浑身溅满了敌人的鲜血。项王把他们又分成三队。汉兵不知谁是项王，只好紧紧围住。项王又大喝一声，三队健儿，分三方英勇地冲去。冲进汉军阵里，一个个大展神威，宛如凶神恶煞一般，人撞着就死，马撞着就亡。这二十八人都是跟随项王身经百战的最精悍的勇士，一个个都能力敌万夫，在这生死关头，自然更加凶猛，汉兵被他们杀死的不计其数，只得分兵把这三队勇士都包围起来。项王挺起长戟，狂啸一声，舞动画戟，周围的汉兵纷纷落马。顷刻之间，冲开阵脚，杀出重围。回头一看，还有两队勇士正在围中苦战。项王再喝一声，又冲进围里，杀开血路，救出一队勇士，再踏着汉兵的尸骸，带了已出重围的健儿，重新冲进第三队围里，迎面撞见汉军一名小将，他不识项王，挺枪拦住。项王随手一戟，把汉将刺下鞍去，招引随身勇士，把汉兵痛杀一阵，方才会合了三队勇士，一同杀出重围。这一场大战，只杀得汉军将士人人咬指，个个摇头，眼看着这群咆哮的狮子冲出重重叠叠的包围，向南而去。

项王出了重围，放辔南行，回顾健儿，只失散二名，还有二十六人，便问他们说："我刚才说的话如何？"二十六个勇士都伏在鞍上致敬，说："大王的话不错。大王的神勇，天下无敌。"

这座小山，后人称为四溃山，也称为四马山（在现在安徽省和县北七十里），民间相传，现在山石上面还留有马迹。

项王走了一会，举戟指道："前面不远，就是乌江。我们可以觅船过江。"大家纵辔飞驰，眨眼间到了乌江地界。只见一人伏在道旁拜道："臣是乌江亭长。知道大王到来，已经预备下船只等待。江东地方虽小，还有千里，足可建国为王。现在仅臣有船，汉兵追到也没有船只渡江。请大王上船。"

说罢，便上前拢马。项王听罢亭长言语，蓦地仰天呵呵狂笑起来。他本性天真坦直，从来不肯用欺诈对待别人。想不到自己心爱的英布和曾经提拔的韩信、陈平，委托重任的周殷，骨肉相连的项伯，都一个个投降了敌人，反而无情地打击自己。那天歃血订盟、指天誓日的刘邦，也忘了自己放回他父亲、妻子的情谊，顷刻背盟。人心是这般难测，为了利益就丝毫不顾信义，使他看破了冷酷黑暗的真面目。甚至那位乡野纯朴的老农民，和自己往日无冤，今日无仇，也无缘无故地骗自己陷入大泽绝地，失去百余勇敢心腹。何况这位亭长已经明明认出自己是项王，是汉军曾经悬赏黄金千斤、封侯万户来收买他首级的项王。这位亭长就肯巴巴地预备船只，送他过江，这样热心帮忙吗？在受过许多人欺骗之后的直性的项王，对于这种甜蜜言语不能不起了疑心。他想：我握了天下大权，还弄到今日地步，区区江东之地也未必便站得住脚。大丈夫要死得明白，死得痛快。若是受了他的暗算，落在敌人手中，岂不坏了我一世英名？项王一阵笑罢，把心一横，笑向亭长说道：“天已经要灭亡我了，我还渡什么江？我当初带了江东子弟八千人过江，纵横天下，所向无敌。可是现在呢，一个人我也没有带他回来。即使江东的父兄不怨恨我，还依然奉我为王，可是我有何面目见他们呢？”说到这里，项王又看了看亭长，再想了一想，向他说道：“罢了！我也知道你是厚道的人，我骑了这匹乌骓马，已经好几年，在千军万马中间，从来没有一点不如人意的地方。我骑了它，经历了不知多少次大战，是我一辈子最忠实的朋友。现在我既然不想生还，不忍使它陪我同死，我就送给你吧。”说着，便翻身跳下马鞍，拍一拍这生死相依的乌骓，黯然地把它交给亭长。

　　二十六名勇士一见项王下马，连忙也都跳下马来。项王一见便问道："你们怎么啦？"二十六人同声答道："臣等跟随大王已经多年。大王若是不生，臣等也情愿同死。不能舍弃大王他去，也不能做敌人的俘虏。臣等的马也都是千里名驹，陪着臣出生入死，冲锋陷阵，臣等也不忍杀它，也留在这里吧。"项王听得二十六人这般慷慨，心里大受感动，说："我项羽一辈子能交到你们这些朋友，也算值得了。罢了！既然我们没有马，也不必用长枪大戟了。只用佩剑和汉兵拼个轰轰烈烈的下场吧。"

二十六人一闻项王言语，立刻都抛下手中兵器，拿出随身佩剑。这时候，前面是滚滚长江，一望无际；后面尘头起处，汉兵远远追来。项王和二十六人一一握手诀别。大家脸上都露出凛冽坚决的神色，然后站齐脚步，等着汉兵到来。到了汉兵将近的时候，项王大喝一声，二十六人像狂风般猛扑过去。项王大踏步当先杀入汉军，旋风般地来往冲杀。汉兵阵势大乱，鲜血纷飞。这二十多个勇士，疯狂般乱砍乱切，杀倒了几百个士卒。汉兵叫苦连天，东奔西跑。不料这群勇士都已把生死置之度外，不望生还，所以他们专拣汉兵多的地方杀去。杀得汉兵没处投奔，仅仅项王一人，就杀死了汉兵好几百人。

最后项王身上也受了十几处重伤，恰巧吕马童也在阵中，被项王一眼瞥见，便呼唤他说："你不是我的故人吗？"吕马童忙抬头一看，果然正是项王，虽然浑身血污，还是英气勃勃，两只眼睛尤其炯炯可畏。他不敢上前，连忙指给王翳看，说："你看，这位就是项王。"王翳也不敢动手。只见项王慷慨地向吕马童大声说："我听人说，刘邦出过赏格，有人能取得我的首级的，赐千金，封万户侯。今天我把这人情送给你吧。"说罢回过右手来，把宝剑向自己咽喉刺去，登时汉军里发出了极度混乱的喊声，前前后后无数的将士兵丁都一拥而上，前去抢项王的身体。大家都拔出刀来，互相乱砍乱杀，拼命抢夺。杀死了几十人。最后，王翳、杨喜、吕马童、吕胜、杨武五人，各抢得了项王一部分身体。后来刘邦把一万户分为五国，封这五个人都做了侯。

项王自从二十四岁起兵，争战八年，死时仅三十一岁，还是个英俊的少年。后人因为他勇武盖世，往往把他画得满脸虬须，这是不合事实的。

第十回 | 虞美人垓下和歌　楚霸王乌江自刎

且说项王既死，垓下楚军自然也都溃散。钟离眜、季布两人杀出重围，改装逃去。丁公自恃有放走汉王的功劳，投到汉营求见刘邦，以为一定得到封赏。不料刘邦一见丁公，记起前情，立即喝命左右把丁公缚住，押到各营巡行，说："丁公为臣不忠，以致使项王失去天下。后人切不可像他一般。"便把丁公斩首示众。刘邦又分派诸将招抚楚地城池。各城都望风归顺，只有鲁（现在山东省曲阜县）地不肯投降，闭城坚守。刘邦大怒，自引大军来攻，想要屠杀全城。到了城下，忽听得城内传出琅琅书声，还夹着弹琴唱歌的声音，一点不像战争模样。刘邦暗想：原来鲁地的人，多读经书，固执信义，他们一定以为项王还在，要替项王尽忠。这不过是书呆子的见识，并不真要和我作对。便命人拿了项王的头，给城中人观看，告诉他们说："项王已经死了。"鲁城的人看见了项王的头，知道坚守无用，方才开门投降。

刘邦因为当初楚怀王曾封项羽做鲁公，现在鲁又替他坚守，便把项王尸体按照鲁公的礼节埋葬在穀（gǔ）城地方。刘邦亲自设祭，也不禁哭泣一番。凡是项氏一门都不杀害，并封项伯等四人为侯，赐他们改姓为刘。

这时项羽所封十八诸侯中还剩下临江王共敖的儿子共尉，嗣立为王，不肯降汉。刘邦派刘贾领兵灭了临江国。

战事结束，刘邦心中只怕韩信的势力太大，急急乘他不及提防，闯入营中，把帅印、兵符拿去。同时下了一道命令说："现在楚地无主，义帝也没有子孙可以嗣立。齐王韩信家在楚国，熟识楚地风俗，可移封楚地为王。"就这样，轻轻巧巧地把齐地收去。韩信失了兵符，不能抗拒，只得到楚地为王。

刘邦又封彭越为梁王，韩王信仍封为韩王。他们便会同楚王韩信、淮南王英布、燕王臧荼，还有张耳的儿子赵王张敖等，联名上奏，议尊刘邦做皇帝。

公元前二〇二年，刘邦即了帝位，是为汉高祖，建立了历史上有名的汉朝，上距秦始皇统一中国（公元前二二一）仅仅十九年。于是秦末农民大起义的果实，就落到了刘邦手里。当他在受群臣诸侯祝贺时，非常得意，向大家说："你们可以直言，我为什么能够成功？项羽为什么会失败？"王陵等人答道："陛下待人傲慢，不及项羽仁慈。可是陛下肯把城池土地分给有功的人，而项羽嫉贤妒能，对有功的人不肯分赏，所以臣下不肯为他尽力。"刘邦听了，哈哈大笑说："你等只知其一，不知其二。论多谋足智，我不如张良；管理国家，补充兵粮等，我不如萧何；统兵百万，战无不胜，我不如韩信。这三个人都是人中之杰，我能够用他们，所以我能得到成功。项羽只有一个范增，还不能用，所以败在我的手里。"大家听了，都高呼："万岁！万岁！"这正是：

自诩成功由智术，何曾革命为农民。